别让情绪拖累你的人生

曾仕强/著

北京时代华文书局

图书在版编目（CIP）数据

别让情绪拖累你的人生 / 曾仕强著 . —北京：北京时代华文书局，2020.3（2025.4 重印）
ISBN 978-7-5699-3581-3

Ⅰ . ①别… Ⅱ . ①曾… Ⅲ . ①情绪－自我控制－通俗读物 Ⅳ . ① B842.6-49

中国版本图书馆 CIP 数据核字（2020）第 033333 号

Bie Rang Qingxu Tuolei Ni De Rensheng

出 版 人：陈　涛
责任编辑：张彦翔
装帧设计：赵胜军
责任印制：刘　银

出版发行：北京时代华文书局 http://www.bjsdsj.com.cn
北京市东城区安定门外大街 138 号皇城国际大厦 A 座 8 楼
邮编：100011　电话：010-64263661　64261528
印　　刷：河北环京美印刷有限公司
开　　本：710 mm×1000 mm　1/16　　成品尺寸：170 mm×240 mm
印　　张：16.25　　字　　数：209 千字
版　　次：2020 年 3 月第 1 版　　印　　次：2025 年 4 月第 2 次印刷
定　　价：49.80 元

目录
CONTENTS

第一章

中国人最需要情绪管理

管理一定会有方法，没有具体的方法不叫管理。

为什么中国人容易发脾气？因为我们的个性四个字说完了，叫作能屈能伸。

中国人天不怕地不怕，就是怕被人看不起。

我们很喜欢自作主张。中国人有缝就钻，就是自作主张。

为人处事最要紧的，就是把情绪管理好。

每个人都会碰到情绪问题，如果不懂得适时疏导，这些情绪问题就会越积越严重，甚至使人走向崩溃。并且烦躁、压抑、埋怨等情绪，会在不同程度上影响人们的工作和生活，只有了解它们，才能管理它们、控制它们。台湾著名教授曾仕强先生，将与您一起辨认情绪、剖析情绪、管理情绪。

情绪没有好坏之分

我们这次要讲的是情绪管理。什么叫作情绪？一般人想到情绪，总是会先往负面的方向想。你看，又闹情绪，好像情绪都是不好的。其实不是这样的，情绪没有什么好坏之分，情绪是我们对环境的一种反应。什么叫环境？以前我们只知道外界的就是环境，好像自身就不是环境。我们只知道事物、山水、风云是环境，人好像就不是环境。其实这也是错误的认知，我们自己也是一种环境。比如当我们的心情变动，我们的情绪也会随之被影响。

所以，我们要扩大范围：看得见的，看不见的，外在的，内在的，任何的变动都会使我们产生一种反应，而这种反应就叫作情绪。比如当你看到好吃的东西，你的肠胃就会蠕动，甚至会流口水，你很想去对它有所行动，这就是情绪，而反应无所谓好坏。

我们从现在开始就要了解，任何情况下的环境它都是会变动的，它不可能固定。比如你看一杯茶水放在那里，它无时无刻不在变动，你任何时候看它，情绪都是不大一样的。

那什么叫作管理？如果谈到最后说让大家自己看着办，这就不叫管理。**管理一定会有方法，没有具体的方法不叫管理；管理一定有效果，如果搞了半天还是没有效果那也不叫管理**。所以，管理不但要提出具体的方法，而且当你照他的方法去做、多练习之后，一定会收到良好的效果，这样才有资格叫作管理。

中国人最需要情绪管理

情绪能不能管理？很多人认为不能管理。有人说，我就是这个脾气，我没有办法，我想改就是改不了。这种话我们听得太多了，如果照这样说，企业就更不能管理了。其实这些想法都是不正确的。

情绪不但可以管理，而且相比其他的事情，在管理情绪上，人的自主性更高。因为它跟别人没有太大的关系，完全是你自己在决定。比如一杯茶要泡得怎么样，那是别人在决定，一台电脑要怎么用，也是别人在决定。可是情绪是你个人的一种反应，是你可以控制的，是你可以管理的。我想，有些观念是我们必须要厘清的，以前我们有认识不太正确的地方，现在要把它们纠正过来。

中国人跟全世界的人一样，都有情绪的起伏，因为外界的环境，以及我们内在的感受随时都在变化。但是全世界的人，他们情绪的起伏都没有中国人这么大。

中国人的情绪起伏是最大的，我们最容易生气，我们也最容易在感觉到不对时就发泄出来，很难忍耐。这样大家才知道，全世界都没有我们中国人这么重视修身，原因就在这里。同样不修，外国人的变化其实并不大，而中国人就差得很远。所以我们要修身，还要修己，主要就是针对我们这种情绪变化特别大的人。

我可以这么说，当有人说中国人怀疑心很重，我相信没有人会反对。外国人看到什么他都会相信，中国人很奇怪，他看到什么就是不相信，因为没有办法，很多时候一相信就上当。这是国情不同，环境不一样所造成的。你敢随便相信人吗？不敢，因为你十次相信，十次结果都很惨。因为你不相信他，他还不会骗你，你一相信他，他就开始骗你了。

你不能说这是好还是坏。我知道很多人都在批评中国人，好像我们很多疑，不信任别人。其实是无从信任，同样一种货品，它也贴上了检验的标志，你会相信吗？你相信也是倒霉的，因为只要有真的就一定有假的，那你有什么办法呢？西方人没有检验就是没有检验，检验过就是会给你做出保证。但是偶尔也有例外，只不过我们的比例大一点，他们的比例小一点而已。

所以我觉得，一开始就相信其实是很鲁莽的，是很对不起自己的。你看到一种药就吃，那你就是实验品，你无缘无故做白老鼠干什么呢？中国人的怀疑心很重。

从另外一个角度看，就是中国人的警觉性很高。你看，一说“警觉性”，好像就变得很好了，一说“怀疑心”，好像就很不好。所以我建议各位，在中国社会讲话要特别小心，你说中国人经常怀疑人家，人家对你的感觉会是一个样。你说我们中国人就是警觉心很高，人家对你又是不同的看法。

大家慢慢会感觉到，我们中国人很敏感，一点也不迟钝。你看外国人怎么讲他好像都无所谓。外国人做客，主人会问，你要喝茶，还是要喝咖啡？中国人大概都不会问，因为一问他就生气。中国人很容易动怒，就是因为太敏感，人家明明没有这个意思，可是你偏偏听出很多意思来，这个跟好不好也没有关系。

比如在一开始，我说我们这次要讲的内容，你看我用“讲”这个字，我没有用“聊一聊”。现在很多人喜欢用聊一聊来作为话题的开头，我们哪有时间来聊呢？聊就表示，你的这个东西根本不成熟，才拿出来聊一聊。说我跟各位谈一谈呢？也不行。因为这是很郑重的一个课题，什么“谈一谈、聊一聊”，都显得太轻率了，所以我用“讲”字。有人说，是否可以用“我这次要教各位”作为开头，那就很糟糕。大家会觉得，你教什么，你有什么资格教我们？这些话我听多了，特别是从国外回来的人，很喜欢说我这次要教大家什么东西。大家听着就很奇怪，心里想：你教我？我教你还差不多！

所以，其实每一句话都会引起人不同的情绪反应，但是我们平常很少去注意这些。我们只会注意不要去打人、不要激怒人家，我们就没有想到，一开口不同的反应就出来了。所以为什么中国人一直告诉你，说话要小心，说话要谨慎，用词要特别注意，就是这个道理。不能说我喜欢怎么讲就怎么讲，因为你一发出你的信息，别人一解读，就有不同的反应出来。这个刺激信号是你发出的，不同的反应，最后还是要你去承担结果。

我们的怀疑心很重，中国人做任何事情之前都是先怀疑，然后才慢慢相信。这样你可以知道，中国人做事情前面是很缓慢的，不像西方人前面是很快速的。所以很多人一直讲中国人速度慢，今天是个讲究速度的时代，所以一定要快快快。全错，因为西方人快跟慢是一样的，为什么？因为他快了以后，后面遭遇到很多问题自然又会慢下来。我们不是，我们前面很慢，后面会非常快。

你看西方人要买一部车子，他没有像我们中国人那么考究，他去看看就订了，直接说我要这部，或者我要这种颜色。中国人刚好相反，中国人要买一部车，需要花好长时间，东看看西看看，先打听打听，也不急着决定。一旦决定，明天就交车，要不然就不要。你从实际去了解，是完全不一样的。

很多人就是因为不了解西方人，也不了解中国人，才拼命讲这是新的，那是旧的。世界上没有新的旧的，合适不合适比较要紧。我们是属于先缓后快，西方人是先快后缓，不一样。

我很坦白讲，整体算起来，中国人是比较快的。我们比较急躁，我们没有耐心，西方人能忍耐。你看西方人要坐飞机，他要等好久，可能让你在飞机上坐三小时还是不起飞。如果同样的事情发生在中国人身上，那还得了？那不吵翻天才怪。因为机场太大，飞机排队所花的时间你没有办法控制，大家乖乖坐在那里。甚至坐上三小时以后乘务员告诉你：我们停飞了，我们改机了，各位回去，明天早上再来，听候我们通知。连一杯水都没有给你喝。这种事情如果在我们中国，那简直不得了，一定吵得他招架不住。

中国人为什么爱生气

大家要从实际状况了解，中国人的反应是非常快的。我们很容易发脾气，为什么中国人容易发脾气？因为我们的个性四个字说完了，叫作能屈能伸。中国人的弹性是世界上最大的，就是因为弹性大所以起伏也大。一看情况不对，我们比谁都能忍耐；稍微形势变好一点，马上不得了了，好像“我”是世界上最了不起的人一般。

西方人比较不会这样想，他们的变化没有我们这么大，没有什么能屈能伸的。他们一切照规定，该说什么话就说什么话，该做什么事就做什么事。中国人不是，你看那些球员，刚开始打球的时候，最怕的就是教练。教练说的话都注意听，教练规定做什么一切遵照他。可是慢慢地，当你每场球得分都很高，并且越来越红的时候，教练就很惨了。教练讲什么你一概不听，叫你做什么，也一概不理，一切就变得不一样了。

我相信带领中国人，难就难在他很会耍大牌。我没有办法我就乖乖的，我稍微有办法我就跟你耍大牌，你敢怎么样？最后的结果是你真的不敢跟他怎么样。我们嘴巴讲我们有制度，我们一切照规定，那都是自己骗自己。这就是我们的社会，这是我们所处的环境。所以为什么中国人特别强调要守分，就是因为我们非常不守分，稍微有一点成绩就自我膨胀，然后你就完了。

比如说一个儿子没有什么出息，还肯听爸爸的话，为什么？要钱嘛。儿子有办法之后，爸爸就开始受气。我讲的是不是事实，大家心里很清楚。

但是我要告诉各位，我讲的没有一句话是批评我们中国人的。我不像一般人，说这个就是缺点，一定要改，我不认为这样。第一，这里面自有它的道理；第二，你想改也改不了。很多人到现在一直想改，我可以跟各位保证，我研究了三四十年，我告诉你是改不了的。而且不必改，因为它有它的道理。

这样各位才知道，全世界很少人讲伦理，只有中国人讲伦理。因为没有伦理爸爸就管不住儿子，儿子就神气了。所以说一个人还要尊重父亲，就是因为伦理在那里，你没有办法平等，一平等就糟糕了。所以现在很多人企图把西方人的那一套弄过来，要小心，因为最后还是你自己吃亏。

我们总认为，别人不应该这样对待我，这样对待我就是不公平。问题就出在什么叫公平。西方人的公平是大家一样就叫公平；中国人的公平是“我特殊”才叫公平，你对我跟大家一样，你算什么？你有眼无珠，你不知道我是谁吗？有些中国人就是这样的。

所以你看老板出去，他一定要找几个人陪着，而且他走中间，他讲话的声音都不一样。他就在表示我是老板，你不要小看我，如此而已。你看我们在餐厅讲话声音那么大，我告诉你，凡是讲话声音大的人，你不要听他的内容，他其实就是在传递一个信息：我是了不起的人，你不要小看我，你不要惹我，惹我我就生气。你仔细听好了，凡是声音大的，都是在传递这个信息，其余根本没有内容。

我必须要说得很清楚，西方人讲话你要听他的内容，中国人讲话是不需要听他内容的。他是发出一种信息而已，没有什么内容可言，否则你会上当。为什么他讲话声音要低？就是他形势不如你，为什么他讲话敢那么大声？我用敢字，你敢那么大声，就是你目中无人。如果你说我不是这样的，那更糟糕，那你就是完全不了解，你这样冒冒失失的，是在开自己的玩笑。中国人讲话可以大声，也可以小声，你要好好应用它，才可以保障自己。有人对这些很不以为然，但是如果你仔细想一想：一个人连自己都保不住，你还有什么本事？你连自己都保不住，你还能保护谁？人活着就是要保护自己，这话有什么不好讲的？

我们的自尊心很强，不容许被人轻视。中国人天不怕地不怕，就是怕被人看不起。我是没有钱，可是你不能看不起我。你看糟糕不糟糕？一方面你承认钱很重要，一方面又觉得他不过有几个臭钱而已，神气什么？所以，我们的社会除了伦理以外，几乎没有一定的标准。外国人有的是按钱划分，有的是按地位划分，有的是按年龄划分，他们有一定的标准，我们没有。

我们很喜欢自作主张，中国人有缝就钻，就是自作主张。比如你到了一个地方，门前如果有很多人，你马上看侧门，好奇这里怎么不能走？有人告诉你不能走，可能你就发脾气了。外国人不会这样，外国人的脑筋很呆板，他没有这么多自作主张的表现。你看外国人到一个地方，先看这个地方的规定，一切照这个规定做，中国人从不看规定。

外国人的餐厅服务场所，第一条规定是什么？就是不能对他们的服务人员不礼貌。中国的餐馆敢写这条吗？外国人很奇怪，他们一方面讲顾客永远都是对的，但是第一条就写你要对我们的服务人员有礼貌。下一句话就是，否则我就把你赶出去。你敢不礼貌我就敢把你赶出去，你认为你在这里消费，我赚你的钱，你就大惊小怪，你在这里搞得我们不安宁，我就把你赶出去，你能怎么样？中国哪个服务场所敢这样写？

其实我们有很多重要的东西没有讲。我们把西方很多东西引进来，现在看其实是没有效果的。因为它跟我们的情绪不太吻合。我们最怕的就是有很多规定，偏偏我们今天的社会就是这样子。所以我们有些人现在一天到晚生气，那有什么办法？

中国人还有一个更可怕的性格特征就是，生气的时候是完全不讲理的。这话我要讲清楚：中国人是天底下最讲道理的民族。这句话没有人会否认，所有的道理都被中国人讲完了。外国人要跟中国人讲道理，那差太远了，他们懂什么？当然讲不出来什么道理来。但是还有后半句：中国人在某一个时候是不讲理的，就是你惹得他生气的时候，他就不讲理了。就像一个人平常很讲理，突然间不讲理，当你过去问他原因，你怎么不讲理呢？答案只有一个，你把我气成这个样子，我还讲理？中国人就是这样，不生气我很讲理，一生气我就是不讲理。

但是有些中国人几乎全天都在生气，所以他永远不讲理。这是很多人一辈子都没有明白的事情。

中国是一个很重视道理的民族，最后搞得大家都不讲理，就是情绪管理没有搞好。中国人情绪稳定的时候比谁都讲理，情绪不稳定的时候比谁都不讲理，我用个很难听的词来说，就是蛮不讲理。你怎么办？你拿他没有办法。中国人很好商量，但是有时候很难商量，他情绪不好的时候谁说都没有用。

情绪管理就是修己安人

为人处事最要紧的，就是把情绪管理好。所以，我们现在的一切，都是情绪管理第一优先。

这样各位才知道，中国人见面不太喜欢谈正经事，因为谈了没有用。我们都在寒暄，都在说你最近脸色越看越好，都在讲这些废话。那就是情绪管理，这是很多人不了解的。你想办法让对方情绪稳定，你再来讲，就有效；你单刀直入见面就讲，如果碰上他正火大，你讲什么都没用。所以西方人不了解中国人，因为西方是工作导向的民族，一见面就谈工作。

比如你碰到一个下属，你问他那个表填好了没有，他有什么反应？我希望各位了解，中国人嘴巴讲的其实都是不算数的，他心里想的才是真的。你问表填好没有，他嘴巴讲好了好了，心里头气得要死：你自己不会填？一定要我填，我手疼你不知道啊，还要我填！结果表拿来一看，根本不能用。所以在这种情况下，我觉得我们要特别小心，要把情绪稳定下来。如此大家什么话都好谈，否则是没有办法的。

所以我们最需要的就是情绪管理，一旦情绪管理不好，那我们就什么都不要说。我们要做任何事情之前，先把自己的情绪处理好，再说其他的事情。这样就有效果，否则我们都是白忙一场。我常常说一句话，虽然你很紧张、很努力，但是最后是没有效果的。

我们这个章节的结论就是修己安人，一方面把自己的情绪处理好，另一方面，你还有办法让对方的情绪稳定，那你就是最会管理的人。你不生气他生气，你也没有用；你稳定他不稳定，你也没有用。

我每次讲修己安人，很多人就是搞不懂，管理跟修己安人有什么关系？就是情绪的问题。中国人情绪好大家都讲道理，然后很快就有一个默契，所有事情都很好商量。一切有共识就好办，不要急，先把共识建立起来。共识是很难建立的，那必须要大家情绪良好，情绪不好的时候，你讲什么他根本听不进去，还跟你建立什么共识？

这样各位终于了解，为什么管理叫作修己安人，不是西方那一套东西。**修己，就是把自己的情绪稳定**，因为现在很多领导者的情绪是不稳定的，你不稳定别人也跟着不稳定，那就天下大乱了。**安人，就是让对方情绪也稳定，你稳定，他稳定，大家都稳定，一切都很好商量**，然后很快把力量集中起来，就可以把事情做好。这是我们首先要给各位的建议，然后我们慢慢一样一样来分析。

第二章

情绪包含四方面的反应

情绪来自每个人很主观的感觉，一点也不客观，我们最好不要用自己的感觉去判断别人。

天真无邪其实是好事情，但是在后天的环境里，我们就认为这个人没有修养。

千万记住，既不要不表现，也不要乱表现，这应该是比较合理的。

冲动的结果就是两个字——后悔。

情绪是一个警示灯。

情绪是一种反应，但是它的花样有很多。比如我们高兴，伤心，兴奋，惊讶，愤怒还有沮丧，这些都是情绪。不同的情绪有不同的产生原因，我们一定要了解，是什么原因引起的，你才有办法去管理它。如果你连怎么引起的这个反应都搞不清楚，那你根本无从管起。所以，我们现在提出情绪在四个方面的反应，大家一起来研判。

主观感觉

我们大家都很清楚，情绪完全是个人主观的感觉。主观的感觉是很明显的，比如我生气了，我很高兴，其实这些都是个人的事情，跟别人没有什么关系。因为有时候你很高兴，别人却不太高兴。

举个例子，有一家企业的老板赚了钱，就请他父母出去吃饭。他的父母没有什么感觉，坐在那里，没有表情，一句话都不说。我就问老人家："你儿子对你这么孝顺，你怎么好像不开心？"他说："你怎么知道他孝顺？"我说："他专门请你们吃饭啊。"他说："没有这回事！"我说："你不是明明就坐在这里吗？"他说："那是他要炫耀给别人看，他赚了钱了，有本事请父母吃饭，他根本不注意我们，是把我们当工具，拿来炫耀。"我问："你怎么知道？"他说："我一进来他就跟我讲：爸，这里菜很好呀，我常来。我心想，你常来，怎么到今天才请我？"

你看，人就是这么难伺候，你好心好意请父母吃饭，他觉得你把他当炫耀的工具。我请问各位，这是谁的错？是儿子的错。儿子把老爸请去吃饭，一定要讲：这家餐厅我也是头一次来，别人告诉我很好，我也不晓得哪些菜比较好，那我们干脆多点几道菜怎么样？爸爸可能会说，很好呀，每道菜都好。现在不是，儿子说我常吃，知道哪几道好吃，结果爸爸哪一道都不喜欢，因为他不高兴嘛！这是当爸爸的主观感觉，没有办法。

我也经常劝人家，看完电影之后不要随便跟人讲：这个电影很好，你赶快去看。凡是有人告诉你哪个电影好，你再去看，多半很失望，为什么？因为你的期待值会很高，一看没有预期的那么好就失望了。我从来不告诉人家哪个电影好，哪个电影不好。别人问我："这个电影你看过？"我说："我看过。"那个人又问："好不好？"我说："你自己去看。"不要剥夺他人评估电影的权利。如果他问我，值不值得看？我会告诉他还可以，你可以去看看，或者算了，除非你现在没有事做，否则不必看。这个我可以讲，但是我不会讲电影的好坏，因为那是非常主观的事。

记住，相同的情况，不同人的反应是不一样的，千万不要把"将心比心"想错了，认为我这样想，对方一定也这样想。"将心比心"的意思是说，我的心放在你的身上，站在你的立场来想，而不是我认为这样，你一定也要这样，那是错误的解释。

你觉得怎么样，别人不一定会觉得怎么样，各有各的反应，我们要彼此尊重，不能说我这么高兴，你怎么不高兴呢？他心里想，就是因为你太高兴了，所以我才不高兴。

比如哥哥跟弟弟两个人，哥哥如果太会赚钱，弟弟心里是一百个不高兴的。所以很多事情，我们真的没有仔细去研究，最后搞得自己很乱，别人也很难跟你相处。

同一种事物，你看到的时候觉得很开心，这是你的事情，那有人看了这种事物他就不高兴。同一种食物，你看到的时候很想吃，那是你主观的感觉，别人也许就不想吃。**每一个人面对同一种东西他所产生的反应，大多是不一样的**。所以我们只能讲，"己所不欲勿施于人"，这句话不能倒过来讲。现在的很多人总喜欢把自己的意愿强加给别人，自作主张，结果弄得对方哭笑不得，害人害己。

所以这一点各位一定要注意，情绪来自每个人很主观的感觉，一点也不客观，我们最好不要用自己的感觉去判断别人。

生理变化

人的生理变化很复杂。大家要知道，我们生理的疾病都是从紧张而来的，只要你全身不紧张，大概不会有什么病。很多病的起因都是源于紧张，可是又放松不了，为什么呢？因为很多事情老压在你心里头，老叫你提心吊胆，明明没有事，你一天到晚在那里恐惧，怎么不生病？

为什么我们会有不同的情绪反应，原因是什么？因为我们的内分泌状况不同，我们的神经系统反应不一样。我们天天说要放松，但实际上非常困难，为什么呢？因为我们有自律神经，它自己运转，不是你可以完全控制的。自律神经有两大部分，就好像阴和阳一样，一个叫作交感神经，一个叫作副交感神经。当你很兴奋的时候，它会让你稍微冷静下来，当你很激动的时候，它会让你缓和下来。它会自己调整，我们没办法完全控制，我们能做的就是让这种调整合理化。如果说完全没有负面的反应，那也是不可能的。

一个人要做到完全不发脾气，其实不太可能，也没有必要。更不能压抑，压抑是不能解决问题的，压抑就是使最后的爆发更严重一些，那样反而不好。

我们内在的情绪也是一样的。比如我想发火，我忍住，想发火，再忍住，然后一下爆发了，后果更严重。大家有没有感觉，当你大发脾气的时候，血压会增高，心跳会加快，呼吸会急促，瞳孔会放大，这些都属于人的生理反应，是很自然的。有时候，我们全身都会起鸡皮疙瘩。有时候，我们总感觉到身后有个阴影在那里。其实这些跟消化不良、感冒发烧是一样的状况，没有什么神秘可言。生理变化是很自然的，比如你饿了，就有饿的感觉，你饱了，自然有饱的感觉。人不可能完全没有情绪反应。

不同体质的人，生理反应不同，往往就会产生不同的情绪反应。比如有的人体质比较敏感，有的人就比较不敏感。有的人下午喝咖啡，晚上睡不着，有的人晚上喝咖啡，他照样可以睡着。有的人觉得酒是好东西，可有的人就是喝不了酒。你不能说，这瓶是好酒，每个人都要跟我喝一杯。也不能说你很喜欢喝咖啡，就招呼别人一起来喝，结果晚上你睡着了，人家还在那里睁着眼睛睡不着，那请问你是什么居心？

表情动作

表情动作是我们比较容易看出来的。某些表情动作，是全世界都一样的。我们认为对的时候都会点头，认为不对的时候大概都会摇头；高兴的时候大致都会笑，伤心的时候往往会哭。像这种是比较一般性的、先天的，可是后天的文化和教育对人产生的影响就不一样了。

比如有些西方人，你送他红包或者礼物，他会当面打开，把里面装的东西直接说出来，然后说他很高兴。中国人会不会这样？大概不会。如果有一天，你的一位朋友结婚，你送一个红包给他。他马上打开说，哎呀，这么多，1200块！那在场的所有的人反应会怎么样？都恨死你了，“你给这么多，那我们怎么办？上次我结婚，怎么你才给800块？”中国人收红包，他一定是回家偷偷看，他绝不敢公开看。

像这些就属于后天的文化不同所造成的。我们可以这样讲，先天的，大概全世界的人都一样。可是后天的影响，所表现出来的行为方式、方法就不一样了。大概西方人比较容易把喜怒哀乐都形于色，中国人不喜欢这样。在中国，凡是官越大的，脸上越没有表情。凡是职位越高的，他越知道，内心的活动不要让别人知道比较好。

一个人内心有什么想法，马上表现出来，其实对你是相当不利的，这种我们叫他天真。天真无邪其实是好事情，但是在后天的环境里，我们就认为这个人没有修养。

我已经开始在讲，很多情绪是教育所造成的。教育的对错是另外一回事，可是你长期生活在这样的环境里，你就要适应这种环境。全世界的教育其实也不一样，也是不相同的。西方人教你有话就说，有能力就表现，中国人大概不会这样说。

比如我在当兵的时候，因为家里环境不好，所以礼拜天没有钱出去玩。我就在军营里面，拿旧报纸写字。可是这么一来，我就把自己搞得痛苦不堪了。因为后来被长官发现，只要军营一有写字的差事，都是拉我去做。我印象最深的，有一次他们用水泥砖头砌垃圾箱，也叫我趴在地上写“垃圾箱”三个字。我当时想，我活该倒霉，就是因为我喜欢写大字，又不是写得很好，我干吗这样表现呢？难怪人家整我！你看，就是这么简单的事。

为什么中国人告诉你，有才能不能随便表现，有话不能随便讲出来？其实我们有我们的道理。我们不是西方社会，现在应该有新的作为，而不是完全照搬西方的标准。这不是要大家回到从前，那是不可能的事，也没有必要。只是说就我们现在的环境，我们要走出一条新的路来。千万记住，既不要不表现，也不要乱表现，这应该是比较合理的。

不同的人，表情动作也不一样。比如，有的人很喜欢做夸张的表情动作。我必须让各位了解，现在的很多人表情越来越夸张，这是对自己不利的。比如看到一条小蛇，就大声尖叫，好像要吓死了；看到一件滑稽的事，就大声笑，笑到自己快要没气了。这样只会让旁边的人笑你，不是什么好事情。

有些人一到公众面前讲话，就很夸张，装模作样，好像很了不起的样子，自己还觉得这样很好。我们经常做负面的、不良的例子，自己还不知道。**教坏自己的儿子没有关系，教坏别人的子女，罪过是很大的**。可是今天的人都没有这种警觉性，我觉得很奇怪。

你看现在很多人，得到一个不起眼的奖，也要大声呼喊，好像自己不得了了。我们就觉得这个人志气很小，这辈子只能拿这种小奖了。我们不是外国人，中国人是比较含蓄的。因为他知道，别人的感觉跟你不一样，你的这种表情动作，会给别人不同的观感，引起大家不同的情绪变化，所以自己要特别注意。

行为冲动

最后一个，叫作行为冲动。冲动的结果就是两个字——后悔。人们往往是这样，骂完人以后就开始后悔。你想一下，你骂了他，万一他打你怎么办？万一他叫人来报仇怎么办？那不是你自己找麻烦？**冲动最后受到最大威胁的人，就是自己**。但是我们经常想不了这么清楚，你说骂了就骂了，他敢把我怎么样？他现在不敢，过后才会找你麻烦。尤其是中国人，你千万少惹他。因为中国人是世界上复仇心最强，复仇期最长的人。你跟外国人道歉，他说算了，就真的算了；中国人道歉也没有用，当时说没关系，过后还是会找机会整你，就算他没有机会，他的儿子也要整你，这是很麻烦的事情。

行为冲动，最后受惩罚的都是自己。有的人一冲动，就摔东西、搞破坏。就是因为你让我生气，你惹怒我了，我就给你难看。人打不过，就会拿东西来出气，甚至有的还拿太太和小孩子当出气筒。你好好去想一想，最后都是惩罚自己，根本惩罚不了别人。

我在这里要先说，生气绝对是不好的，因为最后受处罚的都是你自己。你看你气得晚上睡不着觉，结果那个气你的人睡得倒很好，这不是很奇怪吗？你的目的是要惩罚他，最后却是在惩罚自己。生气就是用别人的错误来惩罚自己。你哪天想通了这个，就不太会生气了。你有没有发现，生气或者不生气，都是你自己在决定。

我希望各位改变一下观念，情绪是一个警示灯。我们把情绪当作一个自然的反应，没有错。但是我们也要清楚，情绪是给你一些警示，当你觉得全身要爆炸的时候，它就在提醒你，你要想一下，什么地方出了问题。

情绪本身没有好坏，没有优劣，它只是告诉你，你的反应有点问题，如此而已。如果你有这样的警觉性，你就知道应该怎么样去调整自己。当你气到不行，拿起杯子要打人的时候，只要有警觉性，就会想到，我打出去，看起来是占便宜，还是吃亏，如果最后是吃亏，那就应该转变一下，拿起杯子喝一口水，然后轻轻地放下，就整个改变了。

从现在开始，我们不要不动脑筋，不要让你的情绪自然地反应出来。因为那个有时候好，有时候不好，有时候对，有时候错，而最后的结果，都要由你自己来承受。关键就在这里，你稍微改变一下，任何一种情绪反应，你都把它当作一种提醒，然后赶紧思考，要怎么去做才正确。

举个简单的例子，我现在肚子很饿，看到桌子上有很香的包子，自然就伸手去拿来吃，这是很自然的反应。可是当你要伸出手去的时候，你就开始想，肚子饿只是一个警讯，我能不能这样做，还要考虑考虑，那就完全不同了。我们中国人的习惯是，有东西吃要先照顾别人，大家一起来，然后你才可以动手。否则的话，你就会引起很多人的反感，对你以后有很大的障碍。

情绪有大有小，有明显的，有不明显的，如果你能把这些都当作一个警示灯，就好像是马路上的黄灯一样，那你该不该刹车，有没有地方停，都会有个缓冲，就不会措手不及。

现在很多人就是没有这种“警示灯”的概念，高兴怎样就怎样，有什么想法立刻表现出来，结果害了自己也不知道。

举一个例子，昨天我坐飞机的时候，跟一个外国人坐在一起聊天。他跟我讲：“以前我爸爸像我这个年龄的时候，就开始跟我妈妈说肩膀酸、腰痛，让我妈妈给他按摩，我现在也开始跟我太太讲肩膀酸、腰痛，也让她像我妈妈一样，给我揉两下。”老实讲，这是难免的，人在体质上会遗传，其实习惯也会遗传。你从小看爸爸妈妈怎样互相对待，然后等到你长到一定年龄，很自然也会有那种反应。但是每一代的生存环境不一样，儿子怎么可以跟爸爸完全一样呢？外国人就是没有这种警戒的观念，现在营养也好了，卫生也好了，和爸爸生活的时代情况不一样了，我怎么可以和他一样，年纪轻轻就腰痛呢？应该赶紧调整自己。我想这就是关键，你把它当作一个没有办法的反应，它就真的没有办法，更无从管理；你把它当作一个警示，及时调整自己，整个情况就不一样了。

第三章

我们经常背负情绪债务

一个人在30岁以前要学东西，30岁以后要丢东西。

一个人幸运不幸运，就看你有没有好的父母，有没有好的老师，有没有好的领导。

不要压抑自己的情绪，不要控制自己的情绪。

理想有两种，一种是私的理想，一种是公的理想。

人最高的境界就是自由自在，毫无拘束。

每一个人的情况不同，满足的条件也不一样，但每一个人都可以获得满足。

每一个人都要替自己负起全部的责任，没有人能替别人负责任，大大小小的事情都要自己承担。人必须对自己负起全部责任，才不会把责任推给别人。一个人情绪负债越多，心理扭曲的地方越多，他就可能把自己弄得精疲力竭，弄的未老先衰，或是弄得昏头昏脑。

人人都难免背负情绪债务

我们常常讲，人是万物之灵，表示我们跟其他的动物不一样，我们比它们高明。但是有些人就很奇怪，为什么动物不要上学，我们要上学？动物不需要受教育，我们非受教育不可，这难道不是很奇怪？你看，所有动物都可以自由自在，只有人没有办法自由自在。人类本来就应该不受任何拘束，你才算是一个自由的人。可是我们现在常常觉得这个不对、那个不对，要受到很多限制、很多拘束，这是怎么回事？

我必须要说明，因为我们的教育带给我们很多情绪的债务，所以导致我们一生都没有办法自由自在。如果按照人类本来的情绪，我们根本不需要去管它。比如你看狗就是那个样子，也没有人说它这样不对，为什么人就要受到这么多的批判呢？我想这是从事教育的人，要特别注意的。

你看一个小孩子刚生出来的时候，他哭，我们不会骂他，不会打他，我们觉得哭是对的，很自然。可是等到他长到一两岁了，还是哭，那大人就会说，哭什么，不能哭！他为什么不能哭呢？我们是怎么教他的？教他哭好像是很丢脸的事情，哭是要有目的的。你看一个五六岁的孩子，他就懂了，他骑着脚踏车不小心摔跤，很痛，但是他不哭。他爬起来，然后推着脚踏车走到家，妈妈问他，怎么了？一看到妈妈，他就开始哭得很难过。因为他知道，哭是要给别人看的，没有别人看到，哭干什么？不是傻瓜？这就已经不对了，这就扭曲了我们自己的感受。

但是，我们从小就有太多的情绪负债，导致我们不知道如何是好，依照常理，教育是让我们知道该怎么办的，但是现在有些教育常常弄得我们不知道如何是好，这才是我们要小心的。

我们今天一直说教育好、教育好，其实教育也存在很多麻烦的事情。这样各位才知道，为什么越来越多的人，不送他的小孩到学校去。有些人认为老师只会把我的小孩教坏，我送他去干什么？以前我们没有这个观念。比如老师教孩子画图要怎么画，可是孩子为什么要听你的？画图就是每个人有不同的画法才叫画图。算数是要教的，一加一等于二；花一定是什么颜色，这个是不能教的，为什么要教？所以有的应该教，有的是不可以教的。

可是我们现在有些老师都在乱教，孩子就乱学，最后就变成情绪负债。比如孩子考试考了92分，就知道回家要挨打八次，要补到100分，才不会被打，这有必要吗？但是有些爸爸就是这样，孩子考不到好的分数就要挨打，这都是负债，搞得小孩每次一定要考100分，导致一到考试就紧张兮兮的，于是就开始想什么？想作弊，不然有些小孩怎么会想作弊呢？如果考多少分都很好，他就不需要作弊，作弊还要花时间写小抄，不是很麻烦？很多事情，我们是被迫这样做的。谁让我们这样做的？可能是我们的父母、我们的师长，将来到社会上，就可能是我们的上司、领导。

所以我一直都在讲，一个人幸运不幸运，就看你有没有好的父母，有没有好的老师，有没有好的领导。因为这些人给你的标准是正确、合理的，你就自由自在了；如果他给你的标准是扭曲的，你就开始情绪负债了。我们每个人多多少少都有情绪债务。

摆脱情绪债务才能走向自由

一个成熟的人，就是应该自由自在。孔子曾说，他到70岁才自由自在，爱怎么样就怎么样。但是现在的人们养生，规定这个不能吃，那个不能吃，其实那是在70岁以前，现在很多的父母已经到70岁了，讲究这个不能吃，那个不能吃，其实没有必要。一个人到了70岁以后，他应该知道什么叫自由自在。

下面讲的三个字非常重要，叫作“不逾矩”。比如我很随便，我爱怎么样就怎么样，但是我很规矩，我不会违反那个规矩，这是高难度的。现在有些年轻人为什么会认为这个不对、那个不对，就是你一动就违犯了规矩，连孔子这么伟大的圣人，都要等到70岁，才能够从心所欲、自由自在、爱怎么样就怎么样，但是不会违犯规矩。我们从小造成很多成见、偏见，你要丢掉，不丢掉你永远不成熟。

所以一个人在30岁以前要学东西，30岁以后要丢东西。如果到了三四十岁你还在学，你要学到什么时候？三十而立，因为30岁以前，你真的没有办法，爸爸打你，你最好受着，妈妈骂你，你只好听，老师怎么教，你就怎么接受，你没有办法，你没有自主性。30岁以后，你慢慢成家了，立业了，慢慢懂得自己的一些原则了，这个时候你就要开始丢掉东西了。比如有的家庭风气很自由，太过自由也不好，会造成孩子没大没小；有的家庭管教很严厉，太过严厉也不好，会弄得孩子想讲话不敢讲，想做事不敢做，都是糟糕的情况。

情绪的债务大概有三种：一种叫作依赖型，一种叫作控制型，一种叫作竞争型。因为这三种不同的东西，对我们产生不同的约束，长期的伪装，长期的压抑，会造成一种没有充分表达的压力。有时候你把话讲出来了，虽然造成很多的问题，但是你最起码很痛快。如果你有话不敢讲，造成一种紧张，造成内心的不愉快，到最后会影响到你对人对事的看法。一个人不要压抑自己，不要伪装，但是我们不得不伪装，这是我们从小就形成的情绪负债。

比如一个小孩回到家，爸爸问他：“今天有没有考试？”他回答：“有。”因为他不敢隐瞒。爸爸说：“拿来给我看看考几分。”一看不及格，大声问："为什么考不及格呢？"小孩要怎么回答？小孩刚开始都很天真，他讲："没有办法啊，全班都及格了，就我一个人不及格。"这样的回答非挨打不可，为什么呢？因为爸爸觉得很没有面子，全班都及格，只有你不及格，意思就是我的遗传不好，那我受得了吗？不打才怪。如果小孩子学乖，爸爸下次再问怎么考不及格，他回答："并不是我一个人不及格，全班都不及格。"老爸一听，"这样啊，没事没事。"这里是非常奥妙的。然后小孩子慢慢就懂了，要伪装，要说假话，长大就明白了，要让对方有面子，就开始扭曲自己，就造成很多情绪负债。我们从小都知道要诚实、要坦白，但是我们都不敢这样坚持。这是每一个人多多少少都有的情绪负债，造成自己很痛苦，很不安。

我们一方面不满现实，一方面又不敢改变，始终在挣扎。今天我把原因说出来，就是我们从小积累下来的情绪债务没有还清。那你怎么办？你怎么可能自由自在呢？根本做不到。

所以我们要去了解，我们的性格类型到底是怎样的。我们每一个人，多多少少都受了这三种类型的一些扭曲，都有一些先入为主的看法，自己的观点就受到扭曲。

比如说，你从小就看到妈妈把鸡腿统统给爸爸吃，就造成你的一种心理障碍，总是非常想吃那个鸡腿。等你长大到了别的地方，和别人一起吃饭，还是会不自觉表现出这种倾向，结果就造成人际关系不良。因此你就要开始调整自己：这个观点对我是不利的，吃鸡腿又怎么样，我偶尔去买一个吃吃就好了，为什么每一次都好像要补偿自己一样，一定要吃那个鸡腿？

现在年轻人最怕的，就是把小孩交给自己的父母去教养，什么原因？因为上一代的父母有一种心理，叫作补偿心理。自己小孩子没有玩过的玩具，统统买给孙子玩，自己小孩子没有吃过的东西，都要买给孙子吃。这就造成孙子的情绪债务，他们是好意，但是最后的结果是很糟糕的。

为什么要补偿？你是你，他是他。很多小孩的父亲跟我讲，我要买玩具回去给我儿子玩。我问他，你儿子几岁？他说才七个月。我说，七个月就会玩玩具了？心里在想：其实是你自己想玩而已。这些完全是父亲的补偿心理，自己小时候那么苦，没有玩过，现在要尽量满足自己的小孩子。结果可能就是你害了你的小孩子。

我顺便讲一下，在国外的时候，看到有的中国人，我会跟他打招呼，但是也有的中国人，我根本不会跟他打招呼。我的标准在哪里？就是如果有一家人在一起，这家人讲的都是中国话，我就跟他打招呼。互相问一问，比如：你从哪里来的呀，来多久了，现在生活怎么样。如果他们一家人都是讲英语的，我根本不会去问。因为我知道，有太多的中国人到了美国，就好像终于去到了一个终生梦想的地方，从此要切断跟中国的关系一样。而他们在美国最大的障碍，就是英语讲得不够好，所以要自己的小孩从小只能讲英语，不能讲其他语言，认为只要小孩英语比自己好，将来就比自己强。完全错了，这样的人就害得他的子女连中国话都不会讲，将来他的竞争力最少要减少一半。那这种人我跟他来往干什么，不值得的。

人常常把自己的情绪债务转移给别人。我再说一遍，很多人都是好心做坏事。这句话，当老师的要特别小心，明明都是很好意要教小孩，结果都把有些家庭的孩子教坏了。我们现在不能很诚实，不能很坦率，我们没有情绪的自由。每个人都要记住，自我调整，要把这些不必要的烦恼忘掉，你就会越来越轻松、越来越自由，然后你就越来越成熟了。

不要压抑控制自己的情绪

不要压抑自己的情绪，不要控制自己的情绪。情绪光靠压抑是压抑不了的，压抑情绪对身体也不好。

每个人都要清楚，你完全按照你的情绪来反应，后果非常严重，就是没有人喜欢跟你在一起，你到哪里人家都不太愿意理你，保持一个敬而远之的态度，看到你就躲，因为大家不愿意惹你。因此你就会开始压抑、控制情绪。这样就造成一种情绪没有获得表达的压力，最后可能导致自己患上忧郁症或是焦虑症。更严重的，还会患上自闭症，怕跟人家来往，听到人的声音就躲，宁可整天跟电脑过也不愿意跟人见面。

每个人还要知道，你没有表达出来的情绪也是存在的，积压的时间越久，不但会压出病来，而且一旦爆发是不可收拾的。就像火山，它里面有很强的能量，偶尔爆发一下，不会造成大灾难，如果长时间没有爆发，一旦爆发，结果是不可收拾的。人也是这样，忍到忍无可忍，那就完了。大家不要这样做，我们要让这种情绪压力有适当的疏解。不要压抑，不要控制，不要让自己充满了这种不安的情绪。一旦压抑、控制严重了，就好像一个定时炸弹，什么时候要爆炸不知道，一旦爆炸就糟糕了。

能不能摆脱完全在自己

生活的意义，是要有理想的。为什么会突然间讲到这个？人没有理想的时候，你的情绪就没有目标，就变成控制了。可是当你有理想的时候，那就不是控制。

比如我提出一个问题，为什么你要给你儿子钱，让他去读书呢？如果你说，希望他将来长大了，赚钱回来还给你，这就是投资，就是做生意了。为什么以前我们很多人重男轻女？因为培养男孩，将来回报比较多；培养女孩，将来嫁人了，没办法回收，认为不划算，就是这么简单。

现在我们慢慢知道，**培养孩子不是投资，而是我们父母应该要有的一份**

义务，不是什么投资回报。比如有些人认为：我要么不生小孩，既然生了小孩，就要尽量栽培他，至于他将来怎么样，那是他的事，跟我无关。这样一来，你慢慢就会觉得没有压力了。你就不会总是在那里想，这个小孩有没有良心，将来会不会回报我，否则你总是在这种担心当中徘徊，给自己造成压力。比如我做父亲的时候就没有想过什么回报，小孩将来能怎么样是他的事，又不是我的事，我担心什么？我要不要做是我的事，他要怎么做是他的事，我们互不干涉，慢慢就把这个负债解除掉了。

我们怕冒险，勉强安于现状，可是当我们敢于冒险，却又不能实现理想，就造成很大的矛盾、很大的痛苦，那我们应该怎么办？现在要告诉自己，人这辈子，就是要完成自己的理想，只不过你要想清楚，你的理想到底是什么。

理想有两种，一种是私的理想，一种是公的理想。如果你完全为私的理想，会一辈子很痛苦；如果你是为公的理想，就不会痛苦了。我们要爱护环境，比如我看到地上有脏的东西，只要有时间，有精力，我就去收拾收拾。我也没有什么贡献，不值得大惊小怪。有些人不是，做事情都是做给别人看，没有效果就生气，这些都是情绪负债，但是我们经常陷入这种自找麻烦的状况。为善不要别人知道，做事情不求功劳，因为这本来就是我的理想，本来就是我该做的事，要什么功劳？如此你就自由自在了。

我想大家已经慢慢了解，一个人要不要自由自在，能不能自由自在，做不做得到，完全是个人的事情，跟别人没有什么关系。现在有很多人总觉得，我做了这些事情，就应该让人家知道。比如在一个家庭里，如果妈妈从小就对自己的小孩咋呼：“你们这些小孩知道吗，我做一餐饭要花多少时间，我这么辛苦你们知道吗？”这就造成小孩的情绪负债。将来他走到公司里面，刚一拿扫把就讲，地板这么脏，你们都没有看到吗？非要让我来扫！其实他那个时候是很不愉快的，他认为自己吃亏了，为什么别人都不动，最起码我动你要跟着动嘛！但其实你做不做是你自己的事情，你不要去管别人，就没有情绪负债了。

道理很明白，不过我们很难摆脱。因为我们从小就被一层一层的情绪债务所套牢。在这种情况之下，唯一的办法就是四个字：改变自己。**你自己不改变，情绪永远不安稳**。至于要怎么改变，我们后面会很具体来说清楚。

我们现在一定要了解，人的最高境界就是自由自在，毫无拘束。想哭就哭，也没有男人不能哭的道理，为什么男人不能哭呢？这都是不对的。如果你想把哭当成很自然的状态，第一，哭不是要给人家看的；第二，哭不一定要有哭的样子；第三，哭不一定是涕泪横流的。现在不是，有些人没有泪水就弄一些假泪水，自己哭不出，就请一个人来哭，比如说："我帮你哭，一个小时给我几块钱。"那这种算什么呢？人类现在越来越奇怪，我们越来越违反自然，越来越把自己折磨得不成样子。然后说这是现代化，不管别人的感觉怎么样，那这个人不是很自大吗？

大家慢慢认识到，人类的自由是在大家可以接受的范围之内，才有充分的自由。如果一个人完全不顾虑别人，那就是很自大，这样的人，人人厌恶，自由也就没有了。这样你慢慢也就知道，受教育也不错，我们受了教育，就是给我们一些框框，在这些框框里面，我们找到合理的自由，然后就变成没有框框一样了，你就越来越觉得自由。如果你完全没有框框的限制，那个自由很快会违反规矩，就会受到打击。所以人是什么？就是没有框框的时候，要先找框框，有了框框以后，慢慢要把它解脱掉，就是这么一个过程。

因此，小孩子通常要比较听话，就能少挨打，不听话，就天天挨打。可是长大以后，小孩不能大小事情都要依赖父母，都要依赖师长，那是没有必要的。我们该怎么走，每一个人的答案是不一样的，因为我们从小所受的教育不一样，每个人的理想也是不一样的，都不一样。

比如我现在问你，你的理想是什么？很遗憾，我们现在的理想越来越西方化了，就是赚钱改善生活，就这么简单。其实这是很肤浅的理想，就等于没有理想。人如果只是为了温饱，其实谈不上什么理想，这是一个起码的条件而已。

我这里给各位一个参考，**人生其实只有一个理想，就是不断地提升自己的层次，就这么简单**。没有固定的标准，就是我能提升到什么层次，我都很满意，因为我已经尽力了。凭我的条件，凭我现在的处境，我提升到这里，我心满意足了。每一个人的情况不同，满足的条件也不一样，但每一个人都可以获得满足。

第四章

自己是情绪债务的制造者

人生只有一个规律，没有人例外，就是“自作自受”。

人是好中有坏，坏中有好，这才是比较实际的情况。

人天生有一点反叛心，你叫我往东，我偏要往西。

人要同中有异，异中求同，而不是完全一样，也不是完全不一样。

人需要钱，但是钱不能解决所有问题，有钱是买不到幸福的。

好坏是主观的东西，不要把好坏分得那么清楚！愤怒和忧郁这两种情绪，对我们的伤害都很大。愤怒是拿别人的错误来惩罚自己。急而不气又很难做到，从而产生忧郁的情绪。所以人活着就要有弹性，有弹性就是要会调整自己，就要会变来变去，但要变得合理，变得恰到好处。

人生的规律就是自作自受

人是怎么来的？西方人相信人是上帝创造的，达尔文告诉我们人是由动物进化而来的。我们中国人说，这两个都不是。凭什么说是上帝把我们造出来的？凭什么说我们是由动物进化而来的？中国人讲话最简单，一句话大家都很清楚，是你把你自己搞成这个样子——人是自己搞出来的。我们是自己把自己造成这个样子，这是我们中国人的看法。

人生只有一个规律，没有人例外，就是“自作自受”。我们一向把“自作自受”当作一个负面的说法，其实不一定。比如我自己做得好坏，我自己很愉快，也是“自作自受”。我自己做的事情，我自己要享受那个成果，不管好坏，这才叫“自作自受”。

我们每一个人都要替自己负起全部的责任。所以很多人说中国人的依赖性很强，中国人不能独立，或是中国人怎么怎么样，讲一大堆，我都不太相信。比如我问你，谁能替你做主，谁能替你负责任，最后还是你自己要承担，大大小小的事情，你自己都要承担。所以各位早一点觉悟，人必须要替自己负起全部的责任，你就不会把责任推给别人。我们现在最大的问题就是很喜欢把责任推给别人，然后自己就不负责任了。你如果不负责任，你就要负起那个不负责任的后果，那更痛苦。

“各色各样的人生经历造成了今天的你”，我相信大家都听过这句话。人在一岁到十岁期间，没有太大差异，年纪越大差异越大，就是因为你不停地积累自己，才造成了各人不同的样子。连你的长相，也是你自己造成的。全世界慢慢都认定，就是说十八岁以前，你长成什么样子，是你父母决定的，十八岁以后，你长成什么样子，是你自己造成的。精疲力竭的样子、未老先衰的样子、昏头昏脑的样子，那都是你自己造成的。

我们一出生就跟情绪打交道。你看小孩一开始就懂得，他要哭，才有人会照顾他，如果小孩不会哭，根本没有人理他，那他就惨了。哭是一种工具，因为他不会说话，所以他就要哭。小孩一哭，大人就会去看，看看是怎么回事。我要说明一点，当小孩不会说话的时候，大人很关注小孩，可是当小孩会说话以后，大人反而不注意他了，这是非常有意思的事。人一开始会说话，就开始挨打了。你看，小孩子不会说话的时候，我们大概不会打他，因为那样很残忍，小孩子会说话以后，反而经常挨打，讲得对也打，讲得错也打，这是很有意思的。

我们童年的情绪负债成为我们最早、最无辜的债务，但是偏偏有很多人，他就是终生摆脱不掉。我们不断地想压抑，但是最后感觉越来越不安，所以我们必定要想出一条路来，否则这样下去就会没完没了。我必须说明，我们大多数人都是没完没了，最后不了了之，我们尽可能不要那么做，会比较好。

情绪负债的三种类型

我们前面讲过，情绪债务大概有三种类型，一种叫依赖型，一种叫控制型，一种叫竞争型。什么叫依赖型？依赖型的性格是什么？就是他常常在好坏喜恶之间，造成自己很大的困扰，这件事情是好的，还是不好的？很难分出好坏，有太多事情跟好坏完全没有关系，也没有善恶，可是我们经常在善恶、好坏之间犹豫，自己找自己的麻烦。

比如你去看电影的时候，只有小孩子会问，妈妈，这是好人还是坏人？

可是越长大你就越不知道，哪个是好人，哪个是坏人。分好坏是不切实际的，因为你分不了，好人也会做很多坏事，坏人也有很多好的表现。人是好中有坏，坏中有好，这才是比较实际的情况。可是有些小孩子经常动不动就要问，我好吗？我是坏孩子吗？这个在心理学上叫自居，就是把自己比成什么。就像男孩子经常自居是爸爸，女孩子自居是妈妈，所以男孩子慢慢就要跟爸爸学，女孩子慢慢就要跟妈妈学。如果因为爸爸太忙，所以男孩长期跟妈妈在一起，入学以后又碰到很多女老师，以至长大后都很难看到真正的男人的一面了，男孩子若是女性化，这是很麻烦的事情。

男人女性化、中性化，其实都是情绪负债。所以我已经在说明，虽然有很多事情我们无可奈何，但是要靠你自己把它调整过来。只有小孩子会问，我可爱吗？我会叫大人讨厌吗？但是有些人会把这种情绪带到成年，岂不是很糟糕？

大家有没有发现，有的成年人一开口，他好像还是六七岁的样子，有很多人是长不大的。一个人到了二三十岁，他的表现还跟小孩一样，这个人就叫长不大。长不大的人就是依赖从前，依赖父母，依赖这种好坏的判断。一个越成熟的人，越没有这些困难。因为他会告诉自己，好坏没有办法绝对分出，人，没有好人也没有坏人，只是看他这件事情做得对不对而已。我们不能说这件事做得不对就是坏人，也不能说这件事情他表现很好就是好人。明白了这些，那你就成熟了。你就不会因为一个人做了一件坏事，就把他整个人扭曲成坏人。有的人你看到他就讨厌，看到他情绪就不安，看到就想发脾气，这些都是不正常的，但是我们经常这样做。

控制型的性格，讲的是一个人总在对错之间徘徊。常常怀疑自己，这件事情我做对了吗？我做错了吗？老实讲，你怎么知道是对还是错，往往不知道。你一定要慢慢使自己成熟起来，不要老在这种二分法、两极化当中徘徊，只会增加自己的困难。一个人越成熟，就越不会黑白分明，就会明白有很多灰色地带，就会知道对中有错、错中有对，范围会慢慢的扩大，那你的情绪就比较平稳。

我必须要说明，我们从小受到这种二分法的影响很严重，二分法是很可怕的，特别是小学的老师。比如小孩子一回答问题，老师就说错。你怎么知道他错？中学老师就不太敢讲错，因为他不知道什么叫错。大学老师会说，这个也可以，那个也可以，怎么都可以，因为他不知道什么是对错。**懂得越多，越不敢说对错；懂得越少，越敢说对错。**

同样的道理，有人总是问，我聪明吗？我是不是很蠢？谁知道呢！什么叫聪明，会投机取巧的人就叫聪明吗？那可能是最笨的人。但是我们现在都很喜欢看这种书，认为我得到好处，只要我不违法，我就是最聪明的。老实讲，那不见得，因为你的良心会不安，写这种书的人，他没有把良心算在里面。

有人问，我坚强吗？我是不是很软弱？一样没有答案。因为最软弱的其实也是最坚强的。水最软弱，但是水滴能把坚硬的钢板滴穿。假如你真的要在钢板上戳一个洞，很困难，可是水能够做到。天底下最软的东西最硬，最硬的东西最软，它是变化的，不是固定的。大风吹来的时候，最硬的东西先断了，软的东西反而不会断。为什么我们中国人喜欢竹子，就是因为竹子不会轻易断。

竞争型的性格，总关心自己会不会赢，关心自己是不是有价值。现在我们常常说做人要有价值，你做得到底有没有价值，谁知道！虽然把计算机开发出来的人，有价值。但是现在很多年轻人把大部分时间都放在计算机上，严重的甚至死在计算机前。

人类发明钞票，是为了让我们买东西方便，可是人类很快就变成钞票的奴隶。人类发明电脑，是为了让我们工作学习更加方便，但是人类很快就变成电脑的奴隶。汽车本来是用来代步的，但是现在不行了，有人要买名牌车，有人要买容量大的，要买这个，要买那个，最后太招摇，把自己搞得出车祸。穿衣服也是这样，一定要把名牌的商标弄得很明显。我从不穿那种衣服，为什么？我出钱，我买衣服，我还要替你做广告？最起码他应该给我钱，我才要替他打广告吧。人怎么会变成这样子呢？自己找的麻烦，自作自受。

现在的年轻人最喜欢问，我会成功吗？谁知道！事实是什么？世界上根本没有成功这回事。从古至今谁成功了？秦始皇成功了吗？汉武帝成功了吗？他们都是非常了不起的人物，但是成功是什么？一个人的表现，经常被后代人所否定，因为时代是进步的。为什么说长江后浪推前浪？是因为人类不断地有新的发现，把以前人的成就掩盖掉了。科学不断证明，人类是错误的。所以我们常常讲一句话，你今天的努力只有一个目的，就是让以后的人证明你是错误的，要不然人类就不可能进步。

幸福的人生从改变自己开始

我们建议各位，现在开始改变你自己。要清楚，正向或者负向，它是可以共存的。一般人的思维都是，不是正就是负，不是负就是正，不是对就是错，不是错就是对。我再三说明，那是不切实际的，那是幻想，只会增加你的苦恼，不能解决问题。大家现在慢慢要了解，你不要这样分，你就很愉快了。

比如小孩子，考试就考试，没有考试就没有考试，考及格就考及格，不及格就不及格，没有什么了不起的。你要知道，小孩子考不及格的时候，他自己是有压力的，但是你一骂他，说不定就没有压力了，然后他就认为是帮你读书的，最后他一毕业就不帮了，甚至把所有书都烧掉了。现在很多人都是这样，大学一毕业，从此不再看书，因为他已经替爸爸妈妈看了那么多年书，差不多了。这就是做父母的从小常常问孩子考几分，常常问孩子这个懂不懂，那个会不会导致的，最后把自己的小孩搞到对学习深恶痛绝，这就是好心做坏事。

情绪不可能很简单分出正负、好坏、善恶、是非，每一种情绪都是有价值的，让你多一种体验，否则你的生活永远不完整。就好像你开车去找一间铺子，只知道就在这条街上，具体位置不清楚，来到这条街上的时候，你就开始想，应该向右拐还是向左拐？如果你先向右拐，发现不在右边，你就开始后悔了，怎么选择错误了，走这么多冤枉路，然后你的情绪就开始不安，心情就变得一团糟，这不是自作自受吗？

我不是这样的，车子转到右边走一遍，发现根本不对，我就想，幸好拐错了，不然我可能这一辈子都看不到这边的景象，也不会知道这边原来有这么多东西，我就很愉快了。反正你已经走错了，已经消耗了时间，已经浪费了精力，你再增加自己的苦恼，是没有必要的。

大家会想，这样不是阿Q精神吗？阿Q精神是我们不赞成的，人不能老是阿Q精神，偶尔一次，也是很有乐趣的，这样就对了。这件事有两个方面，一方面我要知道，下次要记得先问路，向别人打听一下，就不至于走错路，浪费时间；另一方面，既然已经错了，我就享受这个错误，不要再把心情搞坏。

我想我已经透露了一个很重要的信息，就是当你的想法改变的时候，你整个的情绪就跟着改变了。你看到一杯茶，你心里想它很好喝，它就会真的很好喝，如果你心里觉得它不是什么好茶，它就真的很难喝，这是经过科学证明的。

正向或是负向，并不代表好或者坏，否则就糟糕了，正向一定是好的，负向一定是坏的，那怎么可能？比如我问你，花是红色的好看，还是黄色的好看？如果全世界的人都认为红色的好看，那我们就很可怜，永远只有红花看，因为其他颜色的花都不见了。可见我们很幸运，就是有人喜欢红花，有人喜欢黄花，各色各样的都有人喜欢。不要要求大家一样，没有必要。我说清楚，有些事情只要一样，有些事情不一样其实更好。但是有些人都在要求大家一样，比如小孩一进学校就要穿校服，不穿就是不行。但是当你去别的国家看一下，有些学校是没有校服的，但是那些学生反而都喜欢穿一样的衣服。人类就是很奇怪，你要求他一样，有些人就非要不一样，你说怎么穿都可以，大家不约而同都一样。

人天生有一点反叛心，你叫我往东，我偏要往西。特别是中国人，我叫你坐，你就说站着比较舒服，我叫你站，你说我累得很，为什么要站？各位都可以去试，当你碰到一个中国人，你问他，你最近很忙吗？他会告诉你，也不会。你如果问他，你最近比较空闲，对不对？他说，忙死了。一定是这样的，你去试就能知道。因为中国人都有高度的警觉性，他的反应很快。你问他，你最近比较空闲吗？他如果回答是，那你说正好，来帮我的忙吧，那他不是自己害自己？你问他，你最近怎么样？他如果回答，我赚了不少钱，你说刚好借我300块，他不是自己找麻烦？这都是很现实的问题。

我们必须要了解，当你把是非分得很清楚的时候，你就会整天闹情绪。所以我今天要讲一句话，我们的教育一直教小孩要是非分明，目的只有一个，就是让他一辈子痛苦不堪。大家好好去反省这件事。小孩越长大，他越知道很难分是非。小孩子很容易分是非，是因为他懂得少，人随着年龄增长，价值观会随着改变，认知能力也会增强，就会发现是非对错没有那么简单。这就是我们所讲的，你要随时去调整你的观念，让你的心情越来越愉快，情绪越来越合理。如果你一直抱着以前的观念不放，用以前的方式一路走下来，那就叫作长不大，长不大的人都非常苦恼。

人要同中有异，异中求同，而不是完全一样，也不是完全不一样。哪一天我跟你一样的时候，我也没有什么不愉快的感觉，哪一天我跟你不一样的时候，我也没有感觉到很奇怪，我就自由自在了。现在我们会觉得有点困难，但是我们一步步深入，大家慢慢就会感觉到，那是很容易做到的事情。

现在大家已经知道，情绪其实是靠自己去调整的。我们以前一直认为情绪没办法干预，你拿它没有办法，那就无从管理。可是一想到怎么办，你就开始想压抑、控制情绪，那也是不对的，那不叫管理。我们要让它很合理地疏放，有方法吗？一定有的。你只要按照这个步骤一步一步去走，你会越来越自由自在，感觉没有压力，身体越来越好，精神越来越旺盛，然后明确你自己的理想，这时候你就觉得人生很有意义了。

我碰到太多成功的企业家，他们跟我讲，他不晓得他在干什么，他真的不晓得他在干什么。什么原因？因为他已经没有目标，没有理想，他觉得很彷徨。**人需要钱，但是钱不能解决所有问题，有钱是买不到幸福的。**科学给我们很多知识，但是科学也没有办法给我们带来幸福。大家千万注意，人只有靠自己，求人不如求己，自己要替自己拿出一套办法来，才能获得幸福的人生。

第五章

我们常把责任推给外界

人只要立场不同，他讲的话就会不一样，你没有办法要求。

每一件事情，你追根究底，其实都是自己的错，这是儒家最了不起的一点，叫作反求诸己。

我们对别人和对自己，常常都是双重标准。

只有自己不想加以改变，没有无法改变这回事。

一个没有能力的人，只好重视规矩。

人一生只做一件事情，就是不断地改变自己，这就叫修己。

有些人喜欢把责任推给脾气，有人常说没办法控制脾气，其实这些都是不对的。每个人都应该替自己的所作所为负起所有责任，但是所有人都喜欢把责任推给外界。当他们把责任推出去时，就会变成一个没有尽责任的人，这是管理情绪的一个大问题。

我们常常把责任推给别人

情绪管理有一个很大的问题，就是我们常常把责任推给别人。我们前面已经说过，每一个人都应该替自己的所作所为，负起全部的责任，这才是中华文化，但是我们经常喜欢把责任推给别人。当我们把责任推出去的时候，我们就变成一个没有尽责任的人、一个不能自主的人。我们每一个人都可以做自己的主人，但是我们偏偏放弃了，宁可听别人的。比如，当你做错事情的时候，你就会说都是他教我的，不然我怎么会做错？你闹情绪的时候，会说都是他把我气的，不然我怎么会这样？

我现在请各位想一个问题：我们到底要不要把责任推给别人？你不推，出现问题的时候，就承认这是你的错，那以后所有人都把错误推给你的时候，你不惨了？老实讲，我们是不敢认错，而不是不认错。所以有人告诉你，你有错就勇敢承认错误，其实他是在害你。万一碰到大家都喜欢推责任，只有一个人承担，那所有责任都是你的，吃亏的只有你。可是你也不能推，因为那样你就是害死自己。

所以我给各位提供一个很中国化的做法：中国人嘴巴讲推给别人，心里要承认自己的错误，你就成功了。当我做错了，我知道这是我自己的错误，我的情绪就会比较平稳。嘴巴上把责任往外推一推，但是不能真的让别人承担，重要的是自己改过。所以为什么我们老是表里不太一致，其实我们有我们的道理，因为我们是阴阳文化，嘴巴上推一推责任，心里头要反省，我下次不要再犯这种毛病，然后你的情绪就会比较稳定。

嘴巴把责任推给别人，自己就真的认为自己没有错，那你的情绪不会稳定。心里头承认错误，嘴巴上也承认，很多人就会落井下石，趁这个机会把所有责任都推给你，那你是承受不了的。我们向来不唱高调，不讲那种冠冕堂皇的话。逃避责任不可取，但是我也没有告诉你，要勇敢地承担所有责任，因为你承担不起。

我们常常想着改变别人

我们常常怨天尤人，老天呀，你真不公平。我提醒各位，嘴巴说说也就算了，实际上你要知道，老天是最公平的。老天最公平，他不会偏向于谁，他该下雨就下雨，不该下雨就不下，你骂死他也没用。你要想到，我会受到这样的折磨是活该，这样你才会改变。如果你嘴巴说老天不公平，心里也认为老天不公平，那你永远不会改变。有一句话很重要，**就是没有人会因为你的抱怨而改变，人最可靠的是改变自己，而不是改变别人**。偏偏我们都走那种没有用的路，老想要改变别人。

一个人，你连你的儿子都改变不了，你还想改变别人？做父亲的能改变得了儿子吗？他只是暂时怕你，所以听你的。哪一天他长大了，反过来你就要听他的了，那不更糟糕？为什么有的儿子会打爸爸，就是他长期被压制，他小的时候会想，我现在打不过你，哪一天我打得过你，你试试看！等到他长大了，就真的来了，那你这个做父亲的不是自作自受吗？人会老，要想长远一点，有一天，你会打不过人家，骂不过人家，你再使性子也没有用，你脾气再坏也是活该。你把这些都想清楚，你就知道该怎么做了。

我们很容易把责任往外推，那是没有用的。没有人会因为你推给他，他就承担责任。所有人都知道往外推，哪个不懂？所以这种情况之下，我们要知道，推只是一个过程，自己内心要承认错误，你才有实质的效果，这样你很快就改变过来了。

比如，你的自行车丢了，你会说，因为小偷太厉害吗？那你还会再丢自行车的。自行车丢了，先检讨自己，是我太大意了，我认为我几分钟就出来，所以没有上锁，以后不可以这样。但是嘴巴还可以骂，小偷太可恶，别人的不偷专偷我的！其实这种话都是废话，讲讲而已，不要把它当真。你骂死了小偷，他照样偷你的，他不会改，因为那是他的事。我们把责任往外推，只能减少自己的压力，不能解决所有的问题，真正的办法是要改变自己，你才有办法得到好的效果，千万记住。

我们认为情绪是外界引起的

我们还有一个错误的观点，认为情绪是外界引起的。实际上不是，你看到一个东西，有时候会很喜欢，有时候会不喜欢，你的情绪是变化的，可是我们总认为是这个东西引起我不高兴。我们总认为，人的情绪是外面的刺激所激发出来的一个结果，其实不是。

你看，一个年轻人第一次到女朋友家，女孩的妈妈问他，吃饱了没有？他明明没有吃两口，却说吃饱了。他不是欺骗，是真觉得饱了，因为这个时候，他的情绪高度兴奋，他没有办法像以前那样去感受肚子饱了没有。这是什么？这是你自己内部的变化，带给你的不同的情绪、不同的感受。

我们慢慢要让各位了解到，我们很难了解自己内部的变化，因为我们太注意外界的变化了。比如我问你，你是怎么呼吸的？一个人知道自己怎么呼吸，你就可以解决很多问题。你的肠胃为什么蠕动，你知道吗？为什么忽然间脸红心跳？这些我们很多人都是不知道的，因为我们从来没有好好看一下自己的内部，我们只注重外部的变化，这是很吃亏的。所以一个人除了向外看之外，还要向内看，叫作内观，内观是很重要的。

我们总是认为生气都是别人惹的，他不惹我，我会生气吗？各位可以去印证，你看到一个人生气，你就问他，你为什么生气？答案只有一个：他惹我生气。如果你去问另外那个人，你为什么惹他生气？答案也只有一个：他不惹我就好了，我还惹他？两个人都觉得是对方惹自己，没有一个人承认是自己的责任，这很有意思。惹人生气的人，他很可能是无心的，所以他不觉得自己有错。他会觉得，我怎么惹你了？是你自己喜欢生气。老实讲，每个人都有他不得已的苦衷，他非讲这种话不可。

各位记住，人的立场不同，他讲的话就不一样。比如当你去买东西，总觉得卖家给你的价格太贵了，总要便宜点、再便宜点。可是如果有一天你卖东西，人家跟你讨价还价的时候，你一定说不能再低了，已经是最便宜了。人只要立场不同，他讲的话就是不一样，你没有办法要求。

我们内心有太多的“一定”

可是我们经常抛开这些不谈，我们太天真了。我们常常不考虑立场，常常对环境没有深入的认识，只按照自己想象的情况来行动。我不得不提醒大家，环境通常跟我们想象的有很大的落差，这句话很重要。我们多半生活在想象当中，我们经常不切实际。当你一发现你的想象跟实际有差距的时候，你的情绪就不好了。

我要特别说出来，我们心里拥有太多这两个字，叫作“一定”，这两个字是使我们情绪非常不稳定的主要原因。世界上的事情没有什么是一定的，偏偏你满脑子里认为的都是一定。比如说你认为自己一定要表现好，一旦别人表现比你好，你就受不了。你一定要考100分，为什么别人就一定能考100分？

凡是有一定的，你就要告诉自己，那是非常不可靠的。我只要努力，就一定会成功，不可能的。我只要很仔细，就一定不会犯错误，不可能的。你看一本书，编辑再怎么样校对，最后都是有错误的。因为这就像秋天扫落叶一样，永远扫不干净的。那个树叶不停地掉下来，你扫过一遍，它又掉了，永远扫不干净的，这才叫秋天的美。

我经常举一个例子，比如你赚的钱比你弟弟赚的钱多，你经常过年过节送给他东西，甚至当着他小孩的面，给他一大堆钱，他的心里就开始恨你，为什么？因为你造成他在家中没有地位。首先，他的小孩会说，我爸爸就是不行，不如大伯，每次我都伸手跟大伯要钱，那我不如做大伯的儿子。然后，你的弟媳妇也会说，同样是兄弟，怎么差那么远？早知道嫁给哥哥，也不要嫁给这个没出息的弟弟。你看，你就花一点点钱，就把做弟弟的自尊心全部打击掉了，他自然会恨你。

但是我们经常做这种事，自己还认为这是对的。真正会做事的人，应该帮助弟弟，但是不应该当着他家人的面，你要顾及他的面子，他在他家人那里的自尊。哪怕要帮助一个人，都要顾虑他的面子，不要让他下不了台，否则的话，由爱生恨，到时你又感觉好心不得好报，就开始抱怨老天不公平，人心不古，怎么会变成这样。其实都是你自己的错误，才造成这样的局面。这样各位就很清楚，我们经常做这种事，就是观念错误。

每一件事情，你追根究底，其实都是自己的错，这是儒家最了不起的一点，叫作反求诸己。**当一个人总是怪罪别人的时候，他永远不会有长进**。当一个人有勇气面对自己的错误时，他的情况才会改变。我要告诉你，你不要坦白承认出来，因为不需要，也很难做到。你心里头要承认，只要遇到任何不如意的事情，马上想到，我有一部分错误，应该要负一部分责任，我现在不要管别人，我先把我这部分调整好，你就会感觉到那效果非常明显。

只要你有“一定”的观念，你就会失望，你的情绪就会低落。我这次出去，路上一定很顺利。怎么那么一定呢？如果碰上车子坏掉了，碰上交通堵塞了，那你心里不是一团火吗？一切都在变化，你怎么可能一定？可是我们从小就被灌输一定这个观念，这是我们的情绪负债，要把它慢慢去掉。随着你的年龄一天一天增长，你要慢慢了解，一切都是不确定的，环境时时刻刻在变化，一切不但都是不一定的，而且都是相对的。

我们总是提出太多的条件

我们总是提出太多的条件。生活不能有挫折，为什么生活不能有挫折？我不能生病，为什么你不能生病呢？为什么你的牙齿不能掉，为什么你的头发不能白，为什么你不能老，为什么？

有个故事是说，一个病人去找医生，说我背上很痛。医生检查后就告诉他，你这里有点发炎，所以会痛，我给你药吃，就不痛了。他说，你给我药吃，药力过了还是会痛，所以我想请你帮我把痛的地方换个位置。医生很奇怪，就问他，你要换到哪里？他说，换在你的背上，不要在我背上。大家听了可能觉得太可笑了，但是你仔细想想，我们是不是都有这种想法？我们都希望受罪的是别人，都觉得自己不应该受罪。我们都认为别人受折磨是磨炼，自己稍微有一点挫折，就感觉到是天大的事，就抱怨老天不公平。

我们对别人和对自己，常常都是双重标准。你看凡是得癌症的，第一反应就是，这种事怎么会发生在我身上？应该在他身上才对。第一个反应就是不能接受，这种事情不应该发生在我身上。那为什么发生在别人身上就可以，你就不可以呢？因为你给自己太多的条件，人生当中不能发生不美好的事情，不然你会受不了。不客气地讲，你受不了活该。你讲这种话，根本没有人会听的。

有的人在那里抱怨，这么脏，我怎么受得了？你受不了就不要来，你既然来到这里，就应该接受这种环境，这样才对。可是很多人不是的，走到哪里骂到哪里，走到哪里牢骚发到哪里，然后就跟人家起冲突。这是你自己的问题，跟别人有什么关系？

你看一些人去美国一阵子再回来，就开始觉得这个不习惯，那个不习惯。对这种人，我只有两个字，活该。你要么就不要回来，既然回来了就不要乱批评。现在人回来了，还搞得好像你最了不起、你高人一等的样子，好像就不能承受这种环境了，那你算什么？你要想想，中国人这么多，美国人那么少，情况怎么可能一样呢？如果你在美国，在家里看不到一个人，到窗口去看，外面也看不到一个人。美国是什么都有，就是没有人，我们这里最多的就是人，怎么比呢？有什么好比的呢？美国的土地很广，但是人很少，所以每个人住的房子很大，距离又很远，连人都看不着，所以他们很寂寞，这样才知道他们为什么一回家就把电视打开，再不行就养条狗，实在没有人说话就跟狗说，那是不得已的，但有些人以为那就是先进！我们中国人这么多，见面连招呼都打不完，还会招呼狗？那不是很奇怪！

还有人认为，别人一定要公平对待我，否则这些人就是坏人，坏人就应该受惩罚。那请问，为什么人家要公平对待你？我们每个人的人际关系都有远近亲疏，每个人的立场、标准还有处境，都不一样，你没有理由这样要求他公平。

我们经常自己骗自己

我们一方面把责任往外推，一方面觉得责任在外界，不在自己，这就是自己骗自己。我们跟西方的要求不一样，西方人要求你不要骗别人，他不要求你不要骗自己，中国人的第一个要求就是你不要骗自己。我们跟西方的要求不一样，西方人不太去管你骗不骗自己，他只管你有没有骗别人，中国人基本上知道管不了你骗别人，他只要求你不要骗自己。

但是，我们都在骗自己，你把责任往外推，我不反对，但是你要很清楚，推不掉，因为到最后你还是要面对这个事实，如此你就会调整，而且很快会改观。

如果你骗自己，认为你真的把责任推出去了，你就没有责任，那你完了，你后面会有更惨的结果。你认为责任在外界，自己没有办法控制，你的情绪就始终不安宁，怨天尤人就会变成习惯。

很多人骗自己，喜欢把责任推给自己的脾气。你看我们经常讲，我的脾气就是这样，没有办法。嘴巴这样讲可以，心里头一定要有相反的想法，要告诉自己，我这种脾气不改，对我是很不利的，一定要改。一边嘴巴讲，没有办法，一边心里面想，我下一次不能再这样，这才是中国人的做法。**只有自己不想加以改变，没有无法改变这回事**。我可以说得很清楚，只要你观念一改变，你整个人的脾气就改变了，不是不能改变。

人一开始一定要有顾虑，因为你还没有那个能力，一个没有能力的人，只好重视规矩。但是你一辈子活在规矩当中，就很痛苦，你就觉得做人做得没有意思。所以很多人觉得，做中国人真是烦，规矩太多，就是他始终没有摆脱这些规矩。我想有一句话大家很清楚：看山是山，然后看山不是山，最后看山就是山。这就是人生的过程，我们一定要经过这种过程：一开始规矩很重要，慢慢发现规矩不重要了，最后你发现没有规矩就是规矩，有规矩就是没有规矩。

人生之所以要经历很多很多不同的过程，就是让我们去积累这些经验，然后走出一条合理的路来。人一生只做一件事情，就是不断地改变自己，这就叫修己。修就是改造的意思，把自己改造得越来越合理，然后你就自由自在了，就不需要有什么顾虑了。

其实在面对情绪问题上，我们已经用过很多方法了。但是其中大部分是治标的，治标是没有什么用的，后面我会专门把一些治标的方法写出来。我们这次会提出一些治本的方法来，这样大家才能从根本上去掌握自己。

第六章

情绪管理需要标本兼治

把自己的心态调整好，你就能够有效地稳定你的情绪。

中国人很容易发脾气，我们的情绪非常不稳定。

平常心听起来很平常，但是实际上很不平常。

人其实都是自找麻烦，一切的麻烦都是我们自己找来的。

我们最大的感情负债就是，无论什么事情总要分得很清楚。

我们经常在面对一些治标不治本的情绪管理方法的时候举手无措，问题在于我们没有抓住根源。情绪管理是对个人和群体的情绪感知、控制、调节的过程，其核心必须是以人为本的管理原理，使人的情绪得到充分发展，人的价值得到充分体现。

情绪管理常见的治标方法

每个人在自己成长过程当中，都积累了一些使自己情绪稳定的方法。常见的方法是什么？就是弄一个沙包，你生气了就去打它，把你的怒气都发泄出去。这种办法在日本有很多，日本的很多公司都会有一个小房间，里面安有一个稻草人，上面写着老板的名字，员工不高兴了就进去打那个稻草人，然后情绪就会缓和一点。可是如果中国的公司里有这样一个小房间，我问你谁敢进去？就算你是进去整理房间，都有人家误会说，你看他又进去了。但是日本人敢，因为他们认为这是合理的，这没有什么不对。

还有一种常用的方法，就是写信。当你生某人的气，气到晚上睡不着觉的时候，你就拿一张纸开始写：某某你是世界上最大的混蛋。你写一大堆，把你能想到的都写下来，写完了，放在那里。第二天早上起来，你自己再拿来看，觉得好像也没有什么好气的。所以有时候我们写一封骂人的信，过后又把它烧掉、撕掉，这也是一种发泄的方法。

还有一种，有的人一听情势不对，就自己出去散步，自己躲开这个场合。比如，你在公司里碰到你的顶头上司，你发现他叫你做的事情你根本做不到，或者你根本就不能接受，你就借故跑出去，让他找不到你。他就知道你有意见了，然后他就开始觉得自己过分了，就会自己去改变，这是非常有效的。

在家里也是一样，如果你发现今天太太火气很大，那你就出去散散步，散完步再回来。夫妻之间要注意养成习惯，就是当你的另一半声音很高的时候，你不要比他更高。我们现在不是这样，而是你大声，我比你更大声，然后就不可收拾了。如果我们都知道，对方大声你就小声，对方再大声你就更小声，你就会发现，对方的声音慢慢就小下去了，一定是这样的。当人情绪稳定的时候，天大的事情都会觉得没什么，但是人在气头上的时候，再小的事情都会变成大事。各位一定要注意这一点。

治标方法难以解决根本问题

那这些方法怎么样？其实，这些都是治标的方法，只是让你短时间消消气，可是过后你越想越气，还是不能解决问题。而且这些方法用久了，也就没什么用了。比如说写信，你第一次写，自己还当一回事，认为真的有效，但是第二次就自己笑自己了。万一哪天碰到特别生气的事情，写了半天都没用，干脆打电话去骂对方了。我们每个人都说，我要跟家人好好相处，没有人说回家要大发脾气，可是一回家，看到不顺心的事情，就控制不住开始发脾气。

现在人更可怕，用毒品来麻醉自己，这是人类最可怕的一个现象。吸毒当时会麻醉自己，但是你会染上毒瘾，把自己陷入一个可怕的境地。那当初为什么有人要制造这个东西？老实讲，任何一个东西会产生一定有它的原因，而且刚开始多半是很正常的，可是后来被人越搞越乱，才造成很多后遗症。你看我们制造菜刀，那是要当作切肉、切菜的工具，绝对不会说制造刀是为了去杀人。现在有些人会拿菜刀杀人，那是人的问题，不是工具的问题。就好像有些人抽烟、酗酒，自己解释说压力大，要缓解压力，其实没有这回事，都是自己找的借口而已。

我们经常找这些自以为是的办法，我今天要很坦白讲，那不是根本的办法，不要把它当真，否则自己越陷越深，害的是自己，不是别人。

所以这些治标的方法，我劝各位少用为妙。因为没有找到问题的核心所在，可以说是徒劳的。老实讲，要让心情变好，其实不简单，除非找到正确的方法。

最好抱持平常心

有一个故事，说有人去教会听牧师传道。牧师就讲，当有人打你的左脸的时候，你要把右脸给他打，你就没事了。这个人听完以后很生气，就跑上去打了牧师一个耳光，看牧师怎么办。牧师没有办法，因为自己刚刚讲过，只好又把脸凑过去给他打，他就真的又打了牧师一个耳光，打完就出去了。结果牧师气得从后面追上来，用两只手打那个人的头。

这个故事就是说，说得比做得好听。我们不要那样，讲得太高调了，太好听了，不切实际。人不可能不报复，只是不要过分，这样最好。人家打你，你完全不当一回事，那这个人很平易。人家打你，你要计较，但是要看当时的状况，然后做适当的反应，这是我们所要求的。

我要再提醒各位，中国人很容易发脾气，我们的情绪非常不稳定。因为我们太敏感了，一句话其实没有什么用意，可是你总觉得人家是针对你的。比如有人当着你的面说，最近有人买了很多漂亮的衣服，好像是要炫耀自己。其实他是在讲别人，可是你马上想到自己，是不是在说我，那我干什么关你什么事？结果你就很生气，就开始骂他，可是他又觉得很奇怪，我又没有讲你，你为什么骂我？这种事情太多了，言者无心，听者有意，很糟糕。

西方这种事情比较少，因为西方人不太去管这些事情。中国人在这方面会花很大的精力，因为我们不太会直截了当地谈问题，都是用旁敲侧击的方式来暗示，来提醒你。所以你在中国社会，如果表现得什么都很麻木，都没有反应，人家就觉得你这个人很奇怪，没有办法跟你相处。我们有话不方便直截了当去说，这是我们最大的一个问题。西方人的习惯是开门见山，有什么就说什么。所以我们现在也学了一套西方的东西，不管什么情况，开门见山就开始说，结果到最后都是吵架的。

我们这里提出三个字，叫作平常心。平常心听起来很平常，但是实际上很不平常，就是什么事情你会当作无所谓，本来就是这样，没有什么稀奇，这不是一件简单的事。

我希望各位一定要记住，人是不能看破的，一看破你就很消极，就无所作为了，但是人也不能斤斤计较，如果斤斤计较，你就会常常不愉快，就会常常痛苦。人要怎么样呢？要看开，不能看破。很多人分不清楚，认为看开就是看破，其实大错特错。

人要看开，看开的意思是说，我不会常常倒霉，就这一次，没有什么了不起的，人家也碰到过，只是他碰到的时候我不知道而已。你就不会说，怎么别人都那么好运，只有我这么倒霉。我希望各位了解，当别人遭遇不幸的时候，我们经常不在场。一个人，他在家里受病患的困扰时，你根本没有看到。你只看到他出来的时候，总是笑容满面，打扮得整整齐齐，讲话很有精神的样子，你就觉得这个人好像从来没有生病过。事实怎么样，你怎么知道？他病的时候，你根本看不到。**我们一定要记住，每一个人都有大大小小的挫折，都有各种不同的坎坷遭遇，这样你才会长大，你的体验才会广。**

调整心态是唯一可行的方法

我们希望各位清楚，改变情绪唯一可行的方法只有四个字，叫作“调整心态”。心态是你自己可以调整的，跟外界没有关系。你只有控制好自己的心态，才可以做自己的主人。只要你心态一改变，整个情绪就会随之改变。

有一次我坐飞机，有一个人过来打开行李箱，一瓶威士忌一下就掉出来，打在我头上。然后与我同行的人站起来，一定要求赔偿，要么跟那个人没完没了。我摸一摸头，心里想，幸好没有打破，打破我就完蛋了。那个人跟我说对不起，我就告诉他，这次就算了，以后不要再这么不小心，就没有事了。你想想看，我如果不这样，而是对他不依不饶，会怎么样？你打他也没有用，你要他赔，赔什么呢？你一要求赔偿，周围的人肯定说你趁机要钱，没有人会在意你的头怎么样，但是大家一定会讲你趁机要钱。那我既要忍受疼痛，又背一个黑锅，不是更糟糕？我心态平和，想想幸好头没有打破，我也不会生气，整个不好的情绪就化解了。

当你摔一跤的时候，你先在心里想，幸好我的骨头没有摔断，你就没事了。你一摔倒，就在那里不停地骂，怎么那么倒霉，那就全完了。这样你就知道，很多妈妈的教育方法是错误的。你看小孩子一摔跤，妈妈马上跑去，把地板拍几下、骂一骂，好像小孩摔倒是地板的错，这就不对了。小孩子以后就知道，我受伤了一定要找东西撒气，所以他以后一遇到挫折，就开始有情绪了。

有的小孩一摔跤，妈妈就开始骂小孩，说，叫你小心不小心。这样也不对，小孩子从小就开始有罪恶感，每次都觉得我不小心，我惹妈妈生气，这样对小孩子也是不好的。小孩摔跤的时候，最好的办法就是不要动，也不要说话，让他自己站起来。他实在站不起来的时候，你再过去问他，是不是哪里摔疼了。你就事论事，不要有情绪，就不会引发他的情绪反应。然后你告诉他，没有关系，谁都会摔跤，妈妈以前也摔过，以后小心一点就好了，他反而没有什么情绪负担。否则，小孩子吃了亏还要挨骂，做错事情就感觉他有罪，这就是我们后天教育不当所造成的。

不要被自己的观点所困住

有一句话非常重要：我们长久以来一直认为，我们是被事情所困扰，其实我们是被自己看待事情的观点所困扰。是你自己在困扰自己，而不是外界的环境在困扰你，这一点我们一定要清楚。我们不是被事情所困惑，而是被我们自己对事情的看法所困扰。我们看待事情的观点是自己可以控制的。所以只要你自己一改变，整个就改变了。

比如你买了一瓶酒，一尝很难喝，你会有什么反应？你会想，我上当了，真是可恶，我一定把钱要回来，不然我就吃亏了。那你到头来只会惹一肚子气，没有什么好结果。但如果你说，居然有这么难喝的酒，我以前还不知道，下次不买了，那就没事了。因为钱已经花了，根本收不回来，你一定要自己生气，除了增加自己的烦恼，什么作用都没有。你记住以后买酒之前先尝一尝，得到教训就好了。

所以你对事物的观点是可以控制的，你自己的情绪也是可以左右、可以管理的。**把自己的心态调整好，你就能够有效地稳定你的情绪。**

其实治本和治标的方法，可以并用。一开始就用治本的方法很难，两种方法一起用，过一段时间，你自己再调整两个的比例。

比如，你去见一个很长时间没见面的朋友。你期待见到的他是容光焕发的，他很欢迎你来，不用你开口，他就会很热情地招待你。但是当你们见面以后，你发现情况不是这样的，你会怎么样？你会很失望、很生气，你在心里说，想不到这个人变成这样，以后我会理他才怪！

可是冷静下来，你就要自己调整一下。你要想，幸好我这个时候和他见面，我才知道他跟以前不一样了，我如果不来，可能一直不了解他的情况。不知道他会这样子，是不是有什么困难，我应该看看他有没有什么需要我帮忙的。这样一想，气全消了，说不定还真的帮到了朋友，你们之间的情谊会更加深厚。

假如你的小孩考试没考好，他回到家的时候，你会怎么做？你要想想，自己当年也有考得不好的时候，那你是希望你的父母骂你一顿，还是希望他们鼓励你呢？你可以对小孩说，一两次考不好没有关系，不要常常考不好。这时候小孩子比较好接受，因为他心里有期待，我做错了，但是我不希望父母骂我，我希望父母鼓励我，给我机会。现在他的期待得到了呼应，大家都很愉快。你会这样想，你就完全改变了。我想，大概没有人期待考不好就要挨打挨骂，所以小孩子越来越皮，完全不听话，其实都是父母的方法不对造成的。

虽然我们对外界没有办法控制，但是我们对自己是完全可以控制的。如果你连自己怎么想都控制不了，那更不用谈别的了。**所以当我们把自己的情绪寄托在没有办法控制的外界上时，我们是无法管理自己情绪的。**那谈不上什么情绪管理，因为一切都是别人在操纵，一切都是外来的干扰。

比如当外面的车子噪声很大的时候，当你的手机随时都在响的时候，你能怎么样？你不能怎么样。在今天的社会，你要求别人配合你，几乎不可能，所以你就只有改变自己。

我举个例子，有一个棒球打得非常好的人，他很有钱，家里挂着一百多套西装。每次要外出的时候，他都要花很久时间，不知道要穿哪一件比较好。因为太多的选择等于无从选择，他每次都在那里挑，然后就开始闹情绪。其实他只要改变一个观念，就是想到，无论穿哪套，根本没有人注意他，就没事了。我们时常以为别人很重视自己，有点小动作，觉得所有人都会看到，觉得全世界都知道，其实根本没有人注意你。有些人每次穿衣服都问人家，难看吗？人家说难看，你就很气，你总是跟自己过不去。所以你不要这样想，高兴穿哪一件就穿哪一件，那就没事了。

一切的麻烦都是我们自己找来的。**我们既不是为别人而活，也不是为自己而活。**我们不要太在乎别人，也不能不在乎别人。这些观念，我们逐渐会把它理得很清楚。

我们最大的感情负债就是，无论什么事情总要分得很清楚，而实际上我们分得不清楚，就是这么简单。只要观念、心态一改变，你的情绪就很稳定，你出去看到什么人什么事，也都会觉得很高兴。比如当你出门碰到下雨，你想，干旱了这么久，终于下雨了，这对农田树木都很好，自己淋一点也没什么。如果你很生气，心想，早不下晚不下，为什么偏偏我出来的时候下？可见一切的苦恼都是自己找的，一切的不安宁也都是自己搞出来的。

人最大的敌人就是自己，所有的痛苦，所有的不安宁，都是自己给自己找来的。你要想办法去摆脱，唯一的办法就是改变自己的心态。一件事情，你是高兴还是烦恼，一件东西，你是喜欢还是讨厌，完全看你自己。你的心态会改变一切，这是你可以把握的，很方便而且是很有效的途径。

第七章

情绪管理中的ABC理论

我们有必要训练我们的信念，调整我们的观点，做到有备无患。

世界上所有的事件，我们都无法控制。

我们的情绪要靠自己约束，所以叫作自律，律就是约束。

是与非没有办法一刀两断。

所谓修养，就是把不合逻辑的转成符合逻辑的，把那些非理性的转成理性的，这就叫修养。

情绪管理的正确方法不是压抑情绪，而是在觉察到情绪后，及时作出合理的调整，做到合理掌握自我，合理掌控情绪，能以乐观的态度及时地缓解自己紧张的心理。所以我们都需要明了ABC的情绪理论，才能更好地成为情绪的主人。

明了ABC情绪理论

在情绪管理中，有一个很著名而且很重要的理论，叫作ABC情绪理论。因为它是外国人开发整理出来的，所以我们这里还是用ABC来代表。

A（Activating events）**是不断发生变化的环境所引发的事件**。我们常常觉得，环境是不停地在变化的，而且随时随地都有事情在发生。我们不会对每一件发生的事情全部都有反应，而会对某些事件有反应，对某些事件没有反应。之所以有这样的区别，就是因为B的关系。

B（Belief）**是我们对一件事情的信念、感觉或者观点**。比如，你请三个人坐在窗前，往窗子外面看，然后让他们描述所看到的东西，结果是不一样的。第一个人会告诉你，我看到远远的地方有电线杆，电线杆上面有三只鸟。第二个人会告诉你，一大早车子那么多，这个交通实在很要命。你再问第三个人，他说什么都没有看到，他只看到那边有一个小姐长得很漂亮。

对外界的环境，我们每个人所注意的焦点是不一样的。这就是你的性格、你的兴趣，还有你的身份、地位、职业等因素综合起来的一种表现。

一件事情发生了，每个人都站在不同的角度，有他不同的观点，所以就产生不同的反应，这个反应就是C（Consequence），**C就是我们常讲的情绪**。

一个人情绪的变化是相当主观的。一杯茶，不同的人看到的时候，想法的差别就很大。有人想，我才不喝这种茶；有人想，这是什么茶，我等会儿回去研究研究；还有人想，为什么只有你桌上摆着茶，我们怎么没有呢？每个人的想法都不一样，因为想法不一样，所以情绪就不相同，我想这是很重要的一个观点。

我们不能说，每一个人对于同一件事情都采取相同的立场，产生相同的观点，或者产生一样的情绪，这大概不可能。我们用“大概不可能”，就表示它是有可能的，就是当环境非常紧急、非常急迫，而大家有共同需求的时候，我们会产生非常一致性的情绪，中国话叫作“同仇敌忾”。当大家同仇敌忾的时候，大概没有什么个人的想法，也没有什么不同的情绪反应。所以我们必须要提醒各位，**天底下是没有“一定”这两个字的**。当你说“一定”怎么样的时候，你就知道你是主观的。可能这样也可能那样，这是事实，一定这样，不太可能。可是我们经常都是有“一定一定”的想法，所以经常很痛苦，很苦恼，情绪也就变得不安定。

B才是情绪管理的关键

从现在开始你要知道，B才是关键的，我们对事情的看法才是关键。很多人都认为，当我碰到一件事情的时候，我一定有这种反应，所以就觉得我的情绪没有办法控制，认为它是自然就会发生的。现在我们应该知道，在事情跟我们的情绪中间，有一个媒介，就是我们的看法。事件你无法控制，可是你的看法你自己可以调整。就好像在我们的情绪跟环境的变化当中，多了一个控制器，对我们来讲，是非常有利的。

我们只要把自己的观念调整好，就可以保持稳定的情绪，所以说B是很关键的。但是我们往往忽略这一点，总是很直接地就将情绪表现出来。我现在要提醒大家，不要做直接的反应。很多人为了显示自己很聪明，反应很快，有什么刺激来了马上反应，结果都是吃大亏的。我们称他为鲁莽、莽撞，不经过大脑就乱讲、乱做。

我们要管理情绪，非常具体的一个方法，就是当任何刺激来的时候，先把嘴巴闭起来。因为我们的嘴巴是最会闯祸的，一旦刺激来了，你马上用嘴巴反应，你的人际关系一定不怎么好，很多人也会非常不喜欢你。聪明的人是当刺激来时，赶紧把嘴巴闭起来，这个刺激自然会到大脑里面盘旋一下，然后你就有时间找出比较合理的信念。这个时候你再用嘴巴表达出来才对。我们有句成语叫作“谨言慎行”，言行都是我们情绪的表现。

反应不经过大脑，就是没有经过B的控制。没有注意信念的调整，那你就是把自己交给外界，让外界的环境来主宰你，那你就不是自己的主人，你就是环境的受害者。

我们可以提出一个很极端的问题，哪一天你住的地方突然间爆炸了，你会怎么办？如果你没有经过B，那你自然就很惊慌失措，然后盲目逃生，最后大家不是被炸死，而是被踩死，都是无辜丧命。如果我们养成习惯，听到巨大的爆炸声，你就告诉自己要冷静，先搞清楚什么情况，你自己处在什么位置，应该往哪里逃生，用什么办法逃生最有效，这对你才是有帮助的。

可能有人会说，这种时候大家都是用本能来逃生，怎么去想那么多？本能是什么？本能就是人在原始的自然环境里，所产生的那些直接的反应。其实本能在某些环境会起作用，但是在人为的环境中，本能几乎是不能救命的。现在统统都是人为的环境，我问你怎么办？比如大厦里面着火了，你看到有窗子，就往窗子外面跳，这才是本能。可是现在楼房这么高，如果你住在十几层楼，跳出去就摔死了。可见这是人为的环境，我们不能依赖本能，我们必须要相当理智。所以我们有必要训练我们的信念，调整我们的观点，做到有备无患。

人是观念的动物

人是观念的动物，这句话大家都很熟悉。因为观念一旦改变，你的行为就随着改变了，你的态度就不同，你的反应就不一样，因此你的情绪就得到不同的控制。

由于我前面说过不要控制，所以这个我们需要说明一下，当我们说控制不好的时候，你一定要明白不能不控制。这就是中国话，这一点很重要。如果西方人说不能控制，那就是不能控制，因为他们比较有绝对底线。我们中国人说不能控制，就表示不能完全控制，不是不要控制。**在合理的情况之下，要有合理的控制，这样才叫作不要控制**。西方人说不要的时候就是不要，中国人说不要的时候，是有要的成分在里面，而且随时可以要，这一点是西方人很难理解的事情。

比如今天出门的时候碰到下雨，你就很不高兴，为什么这个时候下雨呢？然后你就赶快想一想，为什么这个时候不能下雨呢？因为有很多人渴望下雨，不能因为我一个人就反对它下雨。这样一来，你的情绪就平稳下来了。

我想这一点我们中国人讲得非常清楚，叫作“退一步海阔天空”。问题是大家都觉得不能退，什么“退一步海阔天空”，我就要“唯我独尊”，那就僵在那里。我们总认为自己才是最重要的，这个观念其实不是很合适。

世界上所有的事件，我们都无法控制。尤其在今天的世界，有一点很重要，就是整个世界息息相关。大家有没有发现，虽然以前的世界同样这么大，但是我们可以不管它，我们可以关起门来，不管外面的事情。现在为什么不行？因为交通发达，资讯交流迅捷，全世界是“牵一发而动全身”。

这样各位才知道，在21世纪，中华文化一定会成为世界文化的主流。因为只有我们中华民族才做得到，其他民族都做不到，他们都是对就对、错就错、好就好、不好就不好，没有包容性。只有我们中国人的肚量最大。比如你问他，这样好吗？他说，这样不好，不过也没有关系，改天再说，大家好商量。这话听起来很气人，但是我告诉你，这是最有修养的人。

西方人认为，一个人长大以后的所言所行，就是他小时候的环境所造成的，这一点我们也承认，我们把它叫作情绪债务。但是你不能负债一辈子，你有债务可以还。西方人不知道这个，当然现在也慢慢朝我们这个方向在走。一切都是可以改变的，我想儒家这个观念是最重要的，不要老靠别人，**别人是不可靠的，求人不如求己。**

如果环境可以决定我们的一切，而环境又是我们没有办法控制的，那人就没有自主性了，就只好任环境的摆弄，那你独立有什么用？你有理想又怎么样？所以我们倒过来，我们不是控制环境，不是改变环境，而是调整我们的心态。

时刻注意调整自己的观念

情绪可以管理，就是因为我们能够去调整、改变和控制自己的观念。所以我们现在可以初步得出一个结论，你要管理好自己的情绪，最有效的办法就是时时刻刻调整你的观念，就是这么简单。不要寄望别人，不要抱怨老天，不要希望外面环境会改变。

当你早上出门上班，发现很多人排队上车，你仔细去观察，大部分人一上车的第一句话就是，人怎么这么多，怎么这么挤。“笑话，就是你上来才挤的，你不上来大家松松的。”大家都是自己闯的祸还不自知，可见人是很愚昧的。但是我们很难把实话讲出来，你敢不敢对他说，你下去就不挤了？你当然不敢这样讲，处理不好就要打架了。我们想是这么想，但是做出来都是打折扣的。

我们的情绪要靠自己约束，所以叫作自律，律就是约束。一个人最好的办法就是要约束自己，有人会问为什么？一句话就讲完了，因为我们跟其他人共同生活，我们不可能绝对自由，只能拥有相对的自由，否则会造成天下大乱。

比如一个人坐火车，上去以后，发现他的位置上有别人的东西，他就问："这是谁的东西？"旁边一个人说："是我的。"他又问："我的位置你怎么可以放东西？"旁边那个人回答："我有放东西的自由。"他笑了笑回答："很好，你有放东西的自由，那我也有丢东西的自由。"说完他就把车门打开，把东西丢出去了。那结果怎么样？非打起来不可。**千万记住，我们不要对自由有误解，不要认为什么事都可以做就是自由**。自由是要受到规范的，就是在一定的范围之内你才有自由，超过这个范围你就没有自由。

很多人对自由有误解，好像就是我爱怎么样就怎么样，其实大错特错。今天的年轻人有一句话，我喜欢怎么样就怎么样。这哪里是自由，简直是无法无天。

我的东西，我可以处理，别人的东西，我不能处理。但是我们要知道，小孩子没有这种所有权的观念。有的小孩子在外面，拿了别人的东西，他的父母看见就说他偷东西。老实讲，碰到这种父母，小孩子也是很可怜的。因为小孩子没有偷的观念，他只是觉得这个东西好，就拿来了。做父母的不要立刻大惊小怪，觉得自己小孩怎么偷人家东西，然后讲一大堆。结果搞得小孩子被吓到，好像自己犯了罪一样，心里一大堆情绪负债。父母要告诉他，这个东西不是他的，想要可以告诉爸爸妈妈，但是不能拿别人的。你慢慢教他，他就懂了，不能一下子就说他是贼。

所谓修养，就是把不合逻辑的转成符合逻辑的，把那些非理性的转成理性的，这样就叫修养。大家可以自己去试验，观念可以让你的情绪改变，你试验了就会相信，然后你很快就会走上情绪管理这条有效的途径。

A的事件会导致C的结果，这个就叫作环境决定论，这句话只是部分正确。比如你看同样的新闻，你可能生气，也可能不生气，这才是事实。比如我问你，你的部属骂你，你会很生气，可是你的长官骂你，你生气吗？敢生气才怪。为什么部属骂你，你就受不了，长官骂你，你就受得了？这就是你自己的原因。你看，我们去买东西的时候，经常跟人家吵架，什么原因？就是因为你看不起他。你会对卖东西的人发脾气，就是你觉得他要赚你的钱，怎么还敢对你不客气。这还是你自己的问题。

所以我一直劝人家，看到大官你要小看他，看小人物你要高看他，如此你的情绪就很平和。如果你看到大官就怕，有话也不敢讲，然后他就会欺负你。你看到小人物就看不起他，他被你激怒了，就会给你难堪，最后吃亏的还是你。见到大官要小看他，应该想，有什么了不起，同样一个鼻子两个眼睛。当你认定自己了不起的时候，你也认定他也相当了不起，那个度就拿捏住了。当你去买车票的时候，你一定要想，我要态度好一点，不然惹火他，他不卖给我票，我就惨了。你就会对他客气一点，他自然态度也好一些，那就好了。

人只能控制自己，无法控制外界的东西。这句话很重要，没有人会因为你而改变，只有你自己会配合你自己去改变。所以我们慢慢就要找到一条路，把理性跟非理性协调好。我们用“非理性”，没有用“不理性”，因为“非”可能变“是”，非理性可能变理性，在某种情况下它是会发生改变的。

是与非没有办法一刀两断，没有办法把它分得很清楚。在西方社会可以分得很清楚，但在中国社会，是分不清楚的。现在很多人很糟糕，他用西方人的一分为二的标准来看我们中国人。西方人说可以，就是每个人都可以，说不行就是每个人都不行。中国人说可以，就包括有些人不可以，说不可以，就包括有些人可以。

有些人非常痛恨这种事情，但是在中国社会这是无法改变的。因为我们的弹性相当大，这一点我请各位要特别留意。不要说什么特权，不要这样想，你换一个名词，就是礼遇。礼遇不是特权，礼遇跟特权虽然看起来一模一样，但是事实上不一样。给别人一些特别的尊重，跟别人可以享受特权，这是两码事。我们必须要调整我们的观念，就是事情发生，先动动脑筋，看你要怎么样去反应，你的情绪就会平稳得多。

第八章

最好无条件地接纳自己

什么叫道家？道家就是无条件地接受你自己。

我们中国人最清楚，相由心生。每一个人长成他的样子，一定有他的道理。

世界上有很多世俗的东西，不值得我们计较，如今的我们太过计较世俗的评论。

有条件的快乐是一种选择，无条件的快乐也是一种选择，决定权在你自己。

人要改变自己，唯一的方式就是调整自己的观念。

一切都不要过分，一切都尽量求合理，这就叫作理性，叫作逻辑。

现在人的情绪不稳定，跟我们所受的教育有很密切的关系。因为我们现代的教育，有很多是盲目接受外来的观点，它并没有在我们中国的成长环境里面发展，这是需要我们好好检讨的。而中国人自己的东西，我们又没有好好去整理。

在我们中华文化中，有两个最著名的思想流派，一个叫作道家，一个叫作儒家。我没有用道教，也没有用儒教，因为中国人最讨厌的就是“教”字，一旦变成“教”以后，它就把你捆得死死的，叫你动弹不得，你就很受罪。所以我们只有儒家，没有儒教，可是很多人把它叫儒教，我相信孔子会很不高兴的。我们只有道家，我们也没有道教，道教是很牵强的，是为了跟外来的宗教做抵抗而产生的，也不是很理想。

道家主张无条件接受自己

什么叫道家？道家就是无条件地接受你自己。如果请大家回去照照镜子，你会接受你自己吗？老实讲，大部分人不会接受自己。一看，鼻子怎么那么塌？个子怎么不长高一点？眼睛怎么一边大一边小？人总是挑剔自己，总是不满意自己，总是不能接纳自己。

那我现在问你，你能改变吗？你当然可以改变，不过那个过程是很缓慢的。我们中国人最清楚，相由心生。你的心一改变，你的相貌就会跟着改变，心是什么？心就是你的观念，你的观念一改变，你的相貌就改变了。

我们现在进一步说，情绪管理可以改变你的相貌，可以帮你改运。其他方法都不管用，只有把自己的情绪管理做好，你的运气就会好。这是很理性的一个推论，你的情绪平稳，你大概不会到处惹事，你不惹别人不高兴，别人大概也不会想办法整你，不会想要害你，那你运气当然好了。所以按照道家的主张，一个人要抱有以下几个观念。

第一，接受自己和别人不一样。中国人是相信老天的，没有老天哪里有人？什么是老天？老天就是天地，就是自然。有了天地自然的环境，人才能够生存。为什么火星上没有人？就是因为那里没有天地自然的环境。一切都是很自然的。老天要我们每一个人长得不一样，而不是要我们每个人都长得一样。如果我们每个人都长得一模一样，那真是糟糕了，连自己孩子都分不清楚。我们应该很愉快地接受这一点，幸好我跟别人长得不一样，我爸爸才认识我。

老天希望我们每一个人长得不一样，也希望我们每一个人各有各的性格，所以才叫个性，但是我们现在的教育就是希望大家都一样，这就糟糕了。比如孩子的数学要考100分，为什么？因为大家都考100分。没有必要，有人天生是不搞数学的，像我这一辈子都用不到太复杂的数学运算，那我为什么不可以不考100分？所以不要因为他跟别人不一样，就认为这是他的缺点，不要有这种观念。

第二，承认每一个人都是独一无二，不能被取代的。假如你的儿子不幸死了，另外找一个人当作你的儿子，你会接受吗？你根本不会接受。每一个人都是独一无二，没有办法取代的。既然这样，你就要很慎重地度过这个独一无二的人生，这样才对。你要爱惜你的生命，爱惜你的荣誉，珍惜你的机会，不要随随便便就说，过一天算一天。

第三，每一个人长成他的样子，一定有他的道理。比如，这个人一出来，大家看他的样子就知道，他是适合当将军的。如果让一个文绉绉的人去当将军，大家就觉得越看越不像。所以有人长成这样，他天生就是该做什么，有人长成那样，他也有他天生适合的角色。各人有各人的理想，各人有各人的条件，各人有各人的需求。因此，你就不能跟别人比来比去。

大家有没有发现，中国人最喜欢比来比去，我们的痛苦就是从这里产生的。道家跟佛家有一个共同点，就是告诉我们一切要顺其自然，是怎么样就怎么样，而且都是好的，没有不好的。比如我个子矮，我很高兴，因为我个子矮，需要打扫天花板的时候不会有人想到我；我个子高，我也很愉快，因为高处的东西我抓得到，打篮球的话我能占到便宜。这样你有什么不愉快？

一句话讲完了，你会长成什么样子，就是你这一辈子要做什么事情的一个准备。所以你应该反过来去体会，我长成这样子，是要我做什么？而不是老怪自己，怎么长成这样，怎么不长成那样。

第四，不要太计较世俗的评价。大家还要更进一步，就算你表现得很差，就算你被人家看不起，也没有什么好计较的，因为人一生下来就是不平等的，这是我们跟西方最大的不同。西方人会告诉你人是生而平等的，这很奇怪吧，但是他们会相信。中国人相信人是生而平等的吗？你说，佛家不是说众生平等吗？是，没有出生以前是平等的，死了以后也是平等的，只要活着你就是不平等。你这样去想，就没有什么苦恼了。

我们很多问题就是从平等的观念来的。你看，我们一上汽车，觉得好幸运，总算挤上来了，很满足。可是往车厢里一看，马上觉得不对，心想我们花一样的钱买票，他可以坐着，我为什么站着呢？于是马上心里就开始不高兴了。然后就跟那个人说，你过去一点，让我挤一挤坐下，不会给你们添麻烦。旁边的人也觉得很合理。你真的坐下来了，开始还很高兴，突然一想，不对呀，怎么他们可以靠后背，我靠不到呢？那不行，我也要靠到后背，然后就拼命挤。这时候帮你忙的人是最倒霉的，我想这是中国人最有体验的。我们现在都怪别人不帮忙，老实讲因为帮忙的人可能会倒霉。你看人家不理你，他没有一点事，坐得好好的，他好心好意往里面挪一点，结果被你挤得坐不了，最后还气得要死。我们有太多教训，都是通过这样来的，结果搞到有困难的人没人敢帮，最后大家都受苦。

千万记住，世界上有很多世俗的东西，不值得我们计较，如今的我们太过计较世俗的评论。我们从小受的教育都是有条件地接纳自己，比如说我一定要考100分，我一定不能输给别人，我一定要升级，我一定要考到重点中学。至于为什么，我不知道。当然我们也会讲，很多人还没有大学毕业，你看人家多有成就，但是我的儿子就是不行，我的儿子一定要考到名牌大学才行，为什么？

我们的问题就是从这里产生的。我们常常为了自己的表现不好而感觉到很压抑，感觉到很没有自信，感觉到很自卑。我必须要说明，一个人自大跟自卑完全是一样的，自卑的人就会显得很自大，而所有自大的人其实都是自卑的表现。

假如你的家里很贫困，你的父亲给你一辆破破烂烂的脚踏车，让你骑着出门，你心里什么感觉？你可能会感觉到丢脸。当你家里有钱有势的时候，你不会觉得这有什么丢脸的，你会说这是节俭啊、低调啊，不要刺激别人。你会把话讲得很好听。可是当你没钱没势的时候，你再怎么样也不敢骑着这辆车出门。人就是这么矛盾。

我们都在骗自己，嘴巴都讲劳动是光荣的，职业没有贵贱之分，实际上我们心里头都不这样想。假如有一天，别人问你，你爱人现在在做什么职业？你回答，他当总经理，或者你回答，他在开出租车。也许刚开始你回答很自然，可是你看看周围人的脸色，你说当总经理，所有人都笑嘻嘻的，你说开出租车，所有人的脸色都不对了。你就知道，糟糕了。下次别人再问你相同的问题，你保证不会回答得那么自然。中国人的嘴巴很会讲，可是心里头很难去调适，因为我们心里想的是自己的东西，嘴巴讲的多半是给别人听的东西。

我们种种的情绪反应，都是因为我们给自己太多的要求、太多的条件，使得自己没有办法对自己满意。从某个程度来讲，这是非常好的现象，叫作自我激励。但是从不好的角度来讲，就是我们会压垮自己。所以你看现在的年轻人，一个个未老先衰，动不动就有忧郁症，然后就是自闭症，不跟人家来往，糟糕透了。

现在我们要有一个新的开始，就是重新选择我们自己的未来。我们第一个要选择的，就是要有条件地接受自己。

儒家主张没有条件的快乐

儒家告诉我们，作为一个人要快乐。我们也知道人当然要快乐，但是你会觉得我就是快乐不起来，为什么？因为没有钱，怎么快乐？没有好的衣服穿，怎么快乐？人家有的我没有，怎么快乐？我们要清楚，儒家主张的是没有条件的快乐。我有钱我也快乐，没有钱我也快乐，有工作做我快乐，哪天失业了，我还是快乐，这叫作“随遇而安”。虽然很难，但是一定要做。

一个人只要有条件，你就不可能快乐，因为你的条件不可能一直都能满足你的需求。天有不测风云，人有旦夕祸福，一切都在变化，而且你无法控制，你怎么可能一辈子都不出差错，你怎么可能一辈子都满足？这种情况之下，大家面对的就是我到底是要有条件的快乐还是无条件的快乐，这是每个人都要做的事情。有条件的快乐是一种选择，无条件的快乐也是一种选择，决定权在你自己。

坚定信念改变自己

所以我们再说一遍，人自己就是主宰，人自己就是主人。我们要坚定一个信念，就是我可以改变一切。什么叫作信念？就是你相信它就会产生力量，你不相信它就没有力量。

我们一直不能解释什么叫作“心诚则灵”，好像我诚心诚意去拜你，你就灵验了，不是这样的。诚就是我有信念，我也很坚持我的信念，那我就很灵光了。人是观念的动物，我们老是讲心想事成，心想事成就是观念可以决定一切。我们的言行是跟着我们的观念而改变的。

你看以前你去买东西，你看不起那些小商贩。现在你改变观念，心里面想，我不要得罪他，我得罪他，他一定把坏的东西卖给我，那我就惨了。这样就好了，你买东西也愉快，小贩卖东西也愉快。

我们跟西方人不一样，比如你在这里买水果，拿起来捏一捏、闻一闻、尝一口，都是有可能的。可是你到外国去买水果，外国人会叫你站得远远的，因为水果你碰它就坏掉了。然后他问你，你要什么？你说要苹果。他问，几个？你说，六个。他就选四个好的，两个坏的给你。你说，这两个是坏的。他说，我知道。你问，那为什么你要把坏的给我？他说，不给你，难道我自己吃掉？西方人可以公开这样讲，但是中国人敢吗？你不挨揍才怪。中国人卖水果，嘴里讲都是好的，然后眼明手快，把坏的放在底下卖给你。你不这样生存得了吗？中国人只要把话讲明了，你就完了。但是我们不是欺骗，我们是适当地隐瞒某些事情。像这种观念，你如果不调适过来，你在中国社会是会痛苦不堪的。

人要改变自己，唯一的方式就是调整自己的观念。我们不但要调整自己的一切，而且要找到一个合理的反应，而不是世俗的反应。长期以来，我们的很多观念被世俗扭曲了，这是非常不好的。

为什么家务一定是妈妈的事情？就是长期被世俗的观点扭曲了。因为以前男人要忙着种田，回来已经筋疲力尽了，家里面的事情当然要女人负担起来。但是现代社会，男人女人都有工作了，你就不能把家务都推给女人。像这样的观念，都要调整过来。但是又不能过分，说所有家务都应该男人做，那就糟糕了，最后就变成男人要叫苦连天了，同样是不合理的。

于是有些夫妻之间冒出来很奇怪的现象，就是丈夫洗一天碗，妻子洗一天碗，美其名曰大家平等。我有一个年轻的朋友，就是因为这样的分工，最后闹到离婚。为什么？因为轮到丈夫洗碗的时候，他比较老实，就乖乖地洗，轮到妻子洗的时候，妻子就说，这一餐没有吃完，剩下的都放在冰箱里，明天吃完了你一起洗就好了。**一个人过分精明会导致没有人能够跟你相处。一切都不要过分，一切都尽量求合理，这就叫作理性，叫作逻辑。**

调整过程笑纳结果

对所有的结果，我们都要笑纳。所谓笑纳，就是轻轻松松、快快乐乐地去接受它。比如哪一天你摔了一跤，你摸摸头，发现没有摔破，你就觉得幸好幸好，那不是很愉快吗？你一定要生气，说不能摔跤，我就觉得很奇怪，为什么你不能摔跤？你是谁？

结果是我们不能控制的，过程是我们可以调整的。我们要尽量去调整我们的过程，而不必计较任何结果，这样才对。现在人刚好相反，都是结果论。不管你用什么办法，只要考及格了，你就万事大吉，这是不对的。

我们中国人最妙，比如要考试的时候，大家都是有把握的，认为自己这一次准备充分，一定会考高分。进考场一看卷子，才发现糟糕了，出的题目都不懂，这个时候他怎么办？还是儒家吗？他不是儒家，他是道家。他心想，这个老师怎么专门跟我捣乱，我会的题他不出，我不会的题他每个都出。既然这样，只能就这样了，那我就把会的多少写一点，把不会的写更多一点。

我问你，为什么不会的要写得更多一点？就是争取同情分。可惜现在的年轻人，多半是不懂、不会就不写，不写就是零分。如果认为就是不会，我才要写这么多。老师一看，你不会还写这么多，算了，多少给几分，最后一算总分，刚好60分。你看，道家多好用。不过也难怪，现在的老师也没有道家精神了。一看写那么多，没有一个是对的，干脆给零分。我们现在就是不接受这些观念，所以搞得大家无所适从。

考完试公布成绩了，你考全班最后一名，你会伤心吗？不会。这时候你说，阿弥陀佛，幸亏我考最后一名，才救了你们，如果我不是最后一名你们就倒霉了，还是很愉快。还是回到前面那个问题，这样算不算阿Q精神？可见，我们说不要阿Q的时候，也包括适当地要阿Q，这样就对了。

从现在开始，我们要确保自己选择的权利，这就是自主性的表现。你们都认为不好，我可以认为好，只要我不妨碍你们，这是我的权利，你们要尊重我。也就是说，我们不同的当中有同的部分，同的当中，我们要尊重不同的选择。这才是中国人，这才是我们这一世要实现的大同世界。

孔子讲大同世界讲了2500年，始终不能实现，但是这一次我们会实现。什么叫大同？各位注意，“大同”下面那两个字比较重要。你慢慢听，我们中国人讲出来的话不一定很重要，没有讲出来的话比讲出来的话更重要。“大同”下面有两个字，叫作“小异”。就是彼此有点不同，才叫大同，如果每一个人都一样，那就不叫大同，那叫一同，全世界都是一同就完了。

我们首先要无条件接纳自己，要肯定我要走的路，是跟别人不一样的，我要走得自由自在，只要我不去干预别人、不妨碍别人，我爱怎么走这是我的自由，你们也要尊重我。然后每一个人都会找到一条适合自己的路，我们的目标是统一的，就是大同小异。

第九章

ABCDE情绪管理模式

人类有创造力，但是人类的破坏力往往比创造力更强。

一个人只要很理性的时候，他的情绪一般是很正常的。

每个人都不是完美的，每个人都有缺点。

人不要别人管，这是好现象，但是一定要把自己管好。

中国人是要看实际行动的，口头道歉对我们没有用。

中国人看不见的部分，绝对比看得见的部分要重要。

人类出现以前，自然界的一切是老天在决定，但是有了人类以后就不太一样了，因为人有创造性，人有高度的自主性。我们一方面听老天的话，一方面又有很多不同的意见，所以我们中国人把它叫作“天人合一”。天人合一，就是人与自然要取得协调，要有共同的目标。但是科学发达以后，人类“人定胜天”的这种欲望和信念越来越强，这不见得是好事。我们必须要小心，人类已经可以毁灭整个世界了，那种结果是不可想象的。

人类有创造力，但是人类的破坏力往往比创造力更强。我们以前有天灾人祸的观念，现在几乎没有天灾了，大多是人祸。气候的变化、空气的污染、环境的破坏，都是人为的。所以，当我们讲到“人定胜天”的时候，就要格外小心了，因为现代人具有非常大的破坏力。

中国人有一个很严重的问题，我们太重视技术，以致于太忽略科学了。当年有人把约翰·杜威的“实用主义”引进来，对中国人是非常不幸的事情。因为中国人本来就是很重视实用的。假如你到国外的博物馆，你会发现外国人可以看半天，中国人就只是照个相就走了，他没有耐心，很难静下心来。可是我们还在搞实用，还在强调应用，那就完蛋了。我们的基础科学一定要加强，不要只重视技术。

科学和技术虽然给我们人类带来了很大的方便，但是也带给我们有史以来最严重的威胁。因为它随时可以把整个地球毁灭掉，以前的大灾难是天灾，现在几乎跟老天没有关系，都是人为的。所以在人的能量特别强大的时代，我们每一个人更需要稳定自己的情绪，否则你可能无意之间就闯了大祸。

我们常常讲，以前的人打仗，最多死几百人、几千人，现在不是，现在一个按钮下去，几百万人就不见了。我们看《三国演义》，你会发现，都是将军跟将军先打，士兵在旁边看，将军输了，退兵，明天再打，这一边就不追了。将军打赢了，士兵跟着进攻，另一边投降，就没事了。这种打仗，不会有太多伤亡，所以天天都可以打。现在谁敢打仗？可能是一个按钮下去，整个部队人都不见了。所以一定要小心，因为时代不同了，人类现代化了，以前人的情绪不稳定，造成的破坏还不会太大，现在人的情绪不稳定，造成的破坏力会非常大，人类是承受不起那种后果的。为什么情绪管理在现代来讲比以前更重要了，就是这个道理。

我希望各位注意四个字，叫作“善始善终”。善始不一定能够善终，何况不善始，那就更糟糕了。善始善终是我们中国非常古老的观念，现在我们应用起来，就要稍微调整一下。

用理智指导情绪

首先，我们要明白，**每个人都不是完美的，每个人都有缺点**。我们以前就是要求人要完美，这个完美主义其实是很不切实际的。你会发现要求自己完美，只有一生痛苦不堪，要求别人完美，你会发现没有一个人是欢迎你的，所有人都会讨厌你，那你不是自己跟自己过不去吗？

我们以前有一个词，叫作“完人”。我请问各位，什么是完人？就是把人做完了，要死了，那就叫完人。只有死才完美，没有死之前，一定有缺点，我们要包容别人的缺点，而不是指责他的缺点，也不可能改变他的缺点。你自己都不能改变，还要求别人改变？不可能。

所以我们应该怎么样？一句话，就是用自己的理智来指导自己的情绪。这是《大学》里面所讲的“格物致知”。什么叫作“格物致知”？就是你要重视科学。很多人觉得，中国的儒家好像对科学不是很重视，这都是乱说一气。我们中国人非常重视科学，你看“格物致知”就知道了。你要把事情搞清楚，你要把物弄清楚，你需要得到充分的知识，然后用这种理性来指导你的情绪、你的感情。**一个人只要很理性的时候，他的情绪一般是很正常的。**

但是人不可能经常理性，不可能每时每刻、对每件事情都理性。所以人无完人，法无良法。你看所有的法都有界限，总有人对它不满意。我们讲格物致知，用理性来指导自己的感情，这就叫作自律，自律就是自己管自己。

中国人不喜欢被人管

大家知道，中国人是非常不喜欢被别人管的。中国人一开口就是，谁要你管？你管那么多干什么？我们对管理是天生有一些抗拒的，现在我们都是学西方的管理，却没有顾及这一点。中国人最恨被别人管，常说“你管我是不是？那我就把你气死”这类话，所以导致现在的某些公司都是一团乱，好像中国人很难管。

如果你一天到晚讲管理，为什么不注意这一点呢？比如你到公司里面，大家都建议总经理把管理部取消，或是说不要叫管理部，可以叫行政部，叫总务部，为什么要叫管理部呢？我在国外也跑了不少地方，我可以讲一句话，有些国家的人就是想尽办法，把人折磨得不成人样，那就叫管理。这种管理只有一个目标，就是效益，根本不顾及人的感受。为了效益没有人性，可以这样吗？不可以的。

假如你去问那些国家的人为什么要度假？就是精疲力竭了才要度假。中国人都是自由自在的。你看中国人一天工作少说10小时，哪里像美国人只做8小时。你要研究，为什么美国人做8小时就精疲力竭了，我们做10小时还精神旺盛？

我常常问中国人，你一天工作这么久不累吗？他说不累。我说，那就表示你没有认真工作了，否则怎么会不累呢？他说我很认真啊。我说，那你既认真工作又做那么久，怎么会不累？他笑笑说，有时候也会偷懒一下。你看，我们自己会调整，干吗要学西方那一套，把人搞得好像机器一样呢？

人不要别人管，这是好现象，但是一定要把自己管好。一句话讲完了，只有自己管好自己的人，才有资格不要别人管。我们把情绪管理看得非常重要，就是人都不是圣贤，我们都会犯错。如果你一犯错就觉得，我见不得人了，我怎么样怎么样，那你就不要做人了。你也不能说，我错就错到底，管我怎么样，那也不对。这都是不理性的、不合理的。

ABCDE情绪管理模式

我们再来看ABC理论。A就是当一件事情发生了，B就是你自己对这件事情的主观看法，因为你的立场不同，所以观点也不同，C就是你对这件事情的反应，就是你的情绪表现。西方人可能会说，只有这三个很危险，怎么办呢？于是就加上D，D就是反省。一个人要先对自己的行为做一个反省，问问自己，我这样做好不好，再看看别人的反应怎么样。如果不好，就来做调整，调整以后重新出发，就是E。

这种模式在西方国家是可以的，为什么？因为他们做错了就跟人家道歉，对方就接受，然后两个人就重新来过。但是我提醒大家，这个对中国人是行不通的。我在这里可以很清楚地说，中国人是不接受道歉的。当然你会讲，现代人要接受道歉。其实这个水准很低，中国人的要求是你要做到不需要道歉，而不是一直在事后道歉。

你看现在的年轻人很有礼貌，但是没有一点用处。比如一个人背着一个大大的背包，一上车，撞到后面的人也不知道，所以他无从道歉。后面的人由于很气，便用脚踢他，这时候这个年轻人才知道自己撞到了人，然后转过身来道歉，可是一回头，又撞到前面的人，然后再道歉。我问你，假如你是被撞的人你气不气？背着包的人要告诉自己，我后面没有长眼睛，一动很容易撞到人，所以我要特别小心，碰到挤的地方，干脆把包摘下来，这样就用不着道歉了。

我们中国的文化是不接受道歉的，也不需要道歉。但是要做到没有道歉这回事，我们的要求是比较高的，就是你要管好你自己，你不去妨碍别人，就用不着道歉。

比如你向一个外国人道歉，他接受了，事情就结束了。你向一个中国人道歉，他说我老早已经忘记了，你还记在心里干吗。可是过后他照样想办法整你。因为他会想，你一两句话道歉就结束了，那下次你再这样怎么办？

很多人说中国人没有礼貌，中国人不懂得道歉，其实是他不了解中国人，他不知道中国人道歉是什么样的。西方国家夫妻一吵架，双方一道歉，两人就好了，没事了。中国夫妻吵架，道歉有用才怪。因为对方会觉得，你打我两下，道歉就算了？下次打四下，也道歉就算了，那我还得了？在这方面，中国人比较会做长远的计算。所以千万记住，**夫妻吵架不是用道歉可以解决的**。你要有一些实际上的行动，看对方需要什么，给他提供实际的帮助，刚开始也许对方还不接受，但是慢慢气就消了。**中国人是要看实际行动的，口头道歉对我们没有用**。

把BCD变成看不见的部分

当C（反应）已经表现出来的时候，你再去反省，再去调整，你就必须要道歉。所以我现在把ABCDE加上一个框框。我希望，A和E是明显表露出来的，BCD是看不见的部分，是心里的琢磨，这样就没事了。所以为什么中国人一定要含蓄一点，一定要缓慢一点，就是这个道理。

西方人很欣赏口才很好的人，我今天很坦白讲，在中国社会，大家对会讲话的人不是很欣赏。这是我通过调查得来的结果，凡是很会讲话的业务人员，业绩往往都不是最好的。因为大家都不相信你，你这么会讲，是不是在骗我？反而是样子呆呆的，讲话讲不清楚的人，业绩更好。因为大家会觉得你很实在，你连话都讲不清楚，大概不会骗我。

很多人总要训练自己的口才，我告诉你，口才要好，但是要懂得不讲话。像我平时不太讲话的，我开会也不太讲话。我发现开会最喜欢讲话的人，最不讨人喜欢。比如老总刚刚致辞完毕，你就举手讲一大堆，所有人都不满意，你算老几，我还没说你就说？我们不是西方人，西方人一举手就可以讲话了。中国人你要记住，要等到情绪稳定，不惹别人的人，有话要等待时机再说，BCD一定不要表现得很明显。

中国人讲话怎么样才比较稳妥？其实就是三个原则。

第一，尊重别人，让他先讲。比如说大家正在开会，我有意见，我不会一上来就讲。我坐在那里到处看，有人看到我，我就请他先讲，又有人看到我，我再请他讲。当大家都讲完了，我再站起来讲。这时候所有人都注意我，为什么？因为你尊重他们，你讲话的时候他们就会注意听，如果你不尊重他们，你讲什么他根本就充耳不闻。

第二，你要想着，在座的有人比我年长，或者比我职位高，他没有讲话之前，我不会讲话。因为你一说话，他们就不高兴了。你跟领导一起出去，领导还没有讲话你就讲，你有前途才怪。他心里想，我都还没有讲，就轮到你讲了？除非他叫你讲，你才能讲。我们不是外国人，你讲你的，我讲我的，没有这回事。

第三，最聪明的人是把好的意见偷偷告诉领导，让领导去表现。下属要拼命动脑筋，把最好的意见偷偷告诉领导，让他去表现。他以后升上去，第一个就把你拉上去了，这样就够了，还需要自己拼命去争取吗？**中国人看不见的部分，绝对比看得见的部分要重要。**

关键在BCD，你要怎样拿捏。比如你很口渴，看到一杯茶摆在那里，你就很想拿来喝。但是你马上要想到，如果自己伸手去拿，那在座的其他人就不高兴了，可是如果你不拿，大家也不动，那也糟糕了，所以你要怎么做？你就知道，中国人都是这样，拿起茶杯来，一定是先请别人喝。你请你请，每个人都习惯说不喝，那抱歉了，不好意思，然后你就喝了。那你就很有礼貌，很会做人。

再举一个例子，假如你喜欢抽烟，当你烟瘾发作的时候，发现身上只剩一根烟，你怎么办？烟这个东西都是大家互相请来请去的，一个人只要先拿出烟来，一定会请大家，下次人家也会请你。可是现在你只剩下一根烟，你如果拿出来请别人抽，那你自己就很难受了。很多人不会反应，就躲在一边偷偷地抽，这样就全错了。中国人是这样，如果你正大光明地做什么事，几乎没有人会看到，你越是偷偷摸摸地，越是有人看到。因为中国人的眼睛，专门看那个偷偷摸摸的人。人家会说，一根烟才值多少钱，小气到躲在那里偷偷抽，那你全完了。

一根烟，你拿出来请别人，是死路一条，你躲起来偷偷抽，还是死路一条，那要怎么办呢？中国人就厉害了，他就找出一条路来。就是当着大家的面，把里面的那一支烟拿出来，这时候他的表情和语气就很夸张，就大声说，奇怪，刚刚买的，怎么就剩下一根了？然后他就拿出来邀请大家。大家都听到他那么大声，都知道他只剩下一根了，所以肯定说不要。这时候他再说，那就不好意思了，然后自己抽起来。每个人情绪都很平稳，没有人会怎么样。你不要认为中国人虚伪，我们是心目当中有别人的存在，要了解对方的感受。

所以碰到事情，你把BCD在心里转一转，反复地思考，然后再做出反应，这个人就很谨慎，考虑得很周到，就不会出什么差错。最好是养成遇到事情尽量不要立即反应，一定要有谋定而后动的习惯。对情绪也是这样，千万不要草率。想一想自己的观点对不对，把它调整得合理一点，然后做出适当的反应，你就不太会出差错。

第十章

我们经常无意识地选择

人生中的机会有很多，但是要看你会不会选择。

一个人活到老就要学到老，目的就是要常常改变自己的观念，过一种新生活。

我们要有意识地来改变这个宇宙，而不能听天由命。

做父母的，千万不要在子女的面前，批评自己的上一辈人。

大家做有意识的选择，人类的未来才会变好，而不至于越来越糟糕。

人生在于选择路，而路也在选择我们，虽然我们无法选择所有的路，但是至少也要拥有被选择的能力。所以在我们面前，经常会出现多种选择：一种是很顺利就成功，另一种是经过波折，经过磨炼才成功；一种是经历磨炼却失败，另一种是刚开始就失败了。但无论怎样，我们都要尊重自己的每一次选择。

人常常做无意识的选择

我们一直都在做选择，只不过我们自己没有感觉到，因为那是无意识的选择。比如有一位女性最近常常头痛，但是医生检查不出她有什么毛病。为什么？因为她不是生理性的头痛，而是因为她最近离了婚，她不好意思跟别人讲她离婚的事情，因此她就选择用头痛来发泄她的情绪。我希望各位要有这样的认识，你会胃痛是你自己选择的，你会头痛也是你自己选择的。很多人选择用胃痛来逃避工作，选择用头痛来避开他不愿意说出的事情，甚至有人选择自杀，来逃避他没办法面对的状况。

因为我们有情绪，有情绪就必须要发泄，而发泄的渠道是什么，我们又搞不清楚，所以长期以来，我们多半是不知不觉地选择了生气、选择了打人、选择了自暴自弃或者酗酒。所以有的人就经常感觉到，自己怎么总是脾气不好、心情不好？我今天很明确地说出来，这都是你自己选择的。

如果离婚的那位女士可以很坦然地说她最近刚离婚，她就不会头痛。就是因为她不敢讲，又怕人家知道，好像每个人看她都感觉不对劲，那她要怎么办？只好用头痛来逃避现实。

我们一定要搞清楚，**一切的一切不是别人在做决定，都是你自己在做决定。还是那四个字，叫作“自作自受”**。你会失败，是因为你选择了失败；你能成功，是因为你选择了成功。大家一定很怀疑，有人会选择失败吗？我告诉你，失败就是人自己选择的，不必推卸责任。我们面前有好几种选择，一种是很顺利的成功，一种是经过波折、磨炼才获得的成功；一种是经过波折、磨炼后获得的失败，一种是一下子就失败。

我举一个最浅显的例子，如果你去拜神，你会怎么说？你说神啊，保佑我这次出门，一切平安，不会遭遇到任何意外。但是你的心里会发出另外一个声音，说不太可能，路上人那么多、车那么多，根本没有办法控制嘛。你看，我们会否定自己。人虽然都想着自己成功，可是你嘴巴说要成功的时候，心里都在怀疑自己，以我的能力做得到吗？以我的运气可能吗？你自己就把自己的选择否定掉了。

嘴巴的能量，绝对低于内心的能量。内心是什么？就是你的意识。我们说用心用心，就是要你动脑筋的意思。你的意识把自己否定掉了，你怎么成功呢？所以一般人嘴巴都讲要成功，心里想的都是要失败。为什么？因为失败比较没有压力，成功了，你的压力反而会越来越大，这一点你可以对自己坦白的。我们说一句难听的话，一个成功的人是会走向不归路的，因为你下不了台。我们常常错误地认为，我非常想要成功，最后怎么会失败？其实就是你自己把自己搞失败的，跟别人一点关系都没有。

同样，自杀也是我们自己选择的。你想想看，一个人平时有勇气拿一把刀子往自己身上捅吗？当然没有。自杀这种事，没有很坚强的意志，任谁也做不出来。那这么强烈的意志是什么？就是自己的选择。没有这么强烈的意愿、这么坚定的选择，人怎么会做出这个动作？做不到的。可见同样是你自己在决定、自己在做选择，不是别人。这一点我们大家一定要有清楚的认识。

学习做有意识的选择

我们最好改变一下，从无意识的选择变成有意识的选择。所以我们现在读《进化论》，不要完全接受达尔文那一套思想。人类刚开始也许是上帝创造的，也许是由动物进化而来的，我们不知道，因为这是死无对证的事情。

我们必须要了解的是，现在的人类，要做有意识的演化，这是一个非常新的观念。我们对别人要负责，对自己也要负责，这辈子我们不能白活。既然你来到这个世界上，你就一定要重视自己的人生，要用有意识的选择取代那些无意识的选择。这个是我们可以做得到的，是自己可以决定的。

因此，**我们要有新的价值观，要认识到新的危机，还要培养新的能力**。比如说，我们能接受罪人，但是不接受罪犯。什么意思？就是我们不能因为他一次的错误，就全盘否定这个人的全部，但是偏偏我们经常这样做。难道一个人不能犯错吗？孔子说得很清楚，人非圣贤，孰能无过？孔子要求的不是不犯错，而是不要重复犯错，事不贰过。也是说我做错了，我吸取教训，以后绝不再犯，这样就好了。我们现在是只要某个人偷了一样东西，以后所有人丢东西都说是他偷的。这是很不合理的，我们不能够因为一件事，就给一个人定性。

可是我们大部分人都有这个毛病。小孩一次做错事情，就总是揪着不放，就认为他是坏孩子。以后只要小孩子惹你生气，就把他以前犯过的错误，从头到尾骂一遍。那你是在毁掉你的孩子。哪一天他实在受不了你的羞辱，他不离家出走才怪。为什么不能冷静想一想再说呢？他有那么多好处，为什么让这一件事情毁掉他的一切呢？

比如以前两个人在路上撞了一下，有一个人的脾气比较大，另一个人顶多让他多骂几句，就算了。现在不是，现在人的那种反弹力比以前大很多。你骂我两句，我不跟你吵，我回到车里，开足了马力，一定把你撞死。现在人是这样，那种反弹的力道一出来，双方谁都承受不了。如果哪一天发生事故，两个人都生气，你是想骂人就骂呢，还是先冷静一下，两个人和气地谈一谈呢？我相信大家心里都清楚，就是事到临头，很难控制自己而已。

所以我们希望各位知道，选择的能力越来越重要了。**每个人活在世上，机会多得很，只是我们不会选择而已**。什么叫作不幸？就是因为选择错误了。

你看，婚姻也是一种选择。一个男人一生中会遇到很多女人，为什么他单挑这个人结婚？结婚之后发现不适合，自己痛苦一辈子，那你怪谁？只能怪你自己。现在很多人讲到“门当户对”，就觉得很落后，就很反对。我告诉各位，新的时代，婚姻更需要门当户对。不是说你们两家的钱财、地位要同等，而是说，这一对男女，你们生长的家庭所给你们的价值观念，是相匹配的，是类似的，这才是最关键的。

爱情是没有条件的，但是婚姻一定要有条件，没有条件很快就离婚了。而且，离婚会养成习惯，离一次再离两次、三次，了不起就多离几次。没有离婚观念的人，他不会有这种选择，一旦有这种观念，就容易走上这条路。可见离婚也是一种选择，都是你自己的选择。

人生中的机会有很多，但是要看你会不会选择。我们今天都很重视培训，这是好现象。但是培训什么？我们应该培训选择的能力。但是我们现在很糟糕，就是学一套回来就要用，那你一定完了。因为所有的理论、方法，它讲的都是一般性，它不会针对你一个人。那既然不是针对你一个人，你怎么能依靠它做决定？

没有人有权力替别人做任何决定，哪怕是爸爸都不可以决定儿子的一切，这才是合理的观念。大家真的要找一个时间，把自己脑袋里原来的观念，好好清理一下。就好像你家里有一个抽屉，你看到漂亮的信笺，或是其它好的东西，你舍不得用，都把它收到抽屉里面。很多年过去了，你都没有整理过你的抽屉，里面的好东西拿出来都坏掉了，不能用了。我们都是在用坏的东西，糟蹋好的东西，这是很可笑的。

人的脑袋就好比一个抽屉，从小把各种乱七八糟的观念都放在里面，如果你从来没有整理过，等到用的时候，就会发现完全是乱的。这里面有一些观念合理，有一些不合理，有一些当年是对的，现在却需要调整了。可是你从来没有认真整理过，都放在脑袋里，你怎么不乱？所以很多人很矛盾，自我相冲突，遇到事情理不出一个头绪来，就是脑袋里的观念从来没有整理过。所以大家找个时间，把自己脑袋里的观念，像倒抽屉一样，统统倒出来，然后看看它们合不合现在的要求，合的放进去，不合的丢掉。原来留在脑袋里的情绪负债，该还的你就还掉，不必还的，你就把它丢掉。重新整理一下，再出来的时候，你就轻松了。

观念要随时代不断进步

人生要紧的是什么？就是时时刻刻要有一个重新出发的机会，叫作“自新”。**一个人活到老就要学到老，目的就是要常常改变自己的观念，过一种新生活。**

你看现在的年轻人，很怕把自己的子女交给老一代人去带，但是事实上，没有老一代人帮忙，年轻人又根本照顾不过来。你看是不是很矛盾？那怎么办呢？你要求老一代的人都改变观念，除非他自己愿意，否则你根本做不到。所以我们有一句话，一个人年纪大了，就有两种可能性，一种是你是家里的宝，“家有一老如有一宝”；另一个是，你成为家里的贼，老而不死就叫贼，这是孔子说的。什么意思？就是说，一个老人家常固执老的观念，增加家里人的麻烦，那你就是贼了。有的老人家，他不断更新自己的观念，能够和年轻人合拍，家里人都非常欢迎他，那这就是宝了。

做贼还是做宝，还是你自己决定。所以，我碰到很多老先生、老太太，就跟他们讲，我们都是老人家，你自己要选择，是要做贼还是要做宝，他们的烦恼就都解决了。

做父母的，千万不要在子女的面前，批评自己的上一辈人。因为你的孩子将来也照样会批评你，这也是以身作则。你不要总是跟他讲，你奶奶最不会教孩子，把你惯成这个样子。你要告诉他，奶奶是很疼你的，但是她疼你的方式跟爸爸妈妈不一样，你自己要有不同的选择，做不同的尝试，这样你长大以后才知道，应该怎么做，这就对了。如果你总是跟他抱怨，奶奶这里不行，那里不行，小孩就会奇怪，既然奶奶不行，你干吗让我跟她一起？可见，我们都是从小就遭遇很多情绪负债，大人不懂得合理处置，小孩子就跟着不幸，原因就是我们大家都没有整理自己的脑袋。

我们一定要记住，观念要随着时代而进步，这样才叫作与时俱进。与时俱进不能只作为口号，而是说，我活一阵子，就要整理整理我的脑袋，把我的观念审视一下、调整一下，让我能够适应现代，做一个受大家欢迎的人。

人类要做有意识的进化

21世纪的人类跟前面20个世纪的人类，是截然不同的，我们已经开始有意识地做选择。**我们要有意识地来改变这个宇宙，而不能听天由命。**过去的人类，因为生活条件太差，人类掌握的科技知识不足以解决生存问题，所以求生变成第一要务，人类重视的是繁衍生存。现在不一样，我们的科技已经高度发达，生存不再是最主要的问题，所以我们要过的日子，是要提升自我的价值。

科技发达以后，虽然我们的生活条件变得越来越好，但是也带来很多问题。比如我们现在到了夏天一定要待在冷气房里，好像没有空调夏天就不能过一样。人类本来应该打开窗子生活的，这样你跟外界的新鲜空气才有交流，但是现在我们为了舒适，都是在封闭的环境里过日子。你会发现，我们人类的适应能力越来越差了。以前，我们没有电风扇，夏天照样过日子，没有空调，夏天也没有怎么样。现在有电风扇不行，有了空调，好像夏天还是热得受不了。老实讲，人类的弹性越来越小了，人类的适应能力也越来越差了。这是一种退步，并不是进步。以前，你把中国人随便丢到哪里都可以活得下去，现在不行，很多人已经变成有条件的生存，这个不吃，那个不要，任何一点环境的变化都很难适应。

警惕人类面临的危机

人类的生存本来是无条件的，可是现在却变得越来越糟糕。现代人虽然发展出前所未有的科技，创造了前所未有的功绩，但是现代人也面临着前所未有的危机。

我们现在的生活，几乎全部依靠消耗能源在维持。可是大家都知道，地球上的能源是有限的，人类已经快要把地球上的能源用完了。以前我们没有电，我们不在乎，照样可以过日子，现在不行了。比如你住在高层楼房，突然停电了，你怎么回家？老实讲，现在没有电我们就活不下去了。你慢慢会想，人类到底是越来越强，还是越来越弱？

人类的生活能力越来越差了。我在国外的时候，碰到台风停电。国外人都是一个星期采购一次，所以他们家里的冰箱都特别大，里面塞满了东西，一停电，食物全部臭掉了。偏偏厨房里都是电器，一停电一家人都没得吃。外面买不到，这是很麻烦的。

我们依赖的能源有限，偏偏我们还在一天到晚浪费能源。我们一天到晚讲节约用水，为什么？就是因为大家都在浪费水资源。我有一次到一家饭店观光，就跟老板讲，你这里每个月水费要多花1/10。他问，为什么？我说，你的水龙头开关搞得很奇怪，跟大家的习惯正好相反，这样每次想关水管的时候，都拧大了，1/10的水就浪费掉了。

很多人一直喊着要创新，其实我们现在很少创新，都是在乱变。水龙头就是方便大家开关的，现在不是，人们绞尽脑汁想出各种奇怪的装置，就是为了让你搞半天开不了，最后想关了，又关不上，这算什么创新？老实讲，我们现在大多数都是在乱变。设计一个产品出来，一定要你搞不清楚怎么用它，这是尊重消费者吗？

可以创新，不能乱变，可以有意识，但是不能“我”高兴怎样就怎样。什么叫作创新？就是要尊重自然，尊重现实，要有前瞻性，这样才叫作创新。不能说以前的统统不管，要弄出一个全新的，让人家都没有办法适应。也不能说以前是这样，就永远都是这样，那太保守了，人类没有办法进步，两种都是不合理的。我们应该从旧的开发出新的，我们要尊重旧的，然后从中导引出新的，这是我们共同要努力的方向。

比如我们过节，现在也是慢慢在调整。以前中国人的节日，是所有人听一次就会记得的。中国人是农历一月、三月、五月、七月、九月，一年过五个节。一月就是初一过春节，全家团圆；三月就是初三清明节，家家都要祭祖；五月就是初五端午节，要划龙舟、包粽子；七月就是初七七夕节；九月就是初九重阳节。讲一次，大家都清楚。不像现在，这种节那种节，搞得大家都不知道今天是几号。

人类有些地方是进步，有些地方却要特别小心，因为我们在退步。退步的地方，要把它导正，进步的地方，要加以规范。**大家做有意识的选择，人类的未来才会变好，而不至于越来越糟糕。**

第十一章

要觉察自己真正的情绪

当一个人老是随着环境的变化而变化的时候，环境就会决定一切。

当一个人接受太多外来的信息时，他内在的活动就会降低。

有知识而没常识，这是很可怜的。

我们要透过自己的生理反应，去找出内在的主观感受。

中国人有太多的选择，但是最后的决定才是关键。

很多人不了解中国人的“推、拖、拉”，认为中国人很虚伪。

有一种情绪比较可怕，就是非理性情绪。非理性情绪是在大脑还不清醒，或没有经过思考的情况下做出比较偏激，甚至极端的选择。这种情绪来得比较快，有时候去得也比较快。很可能会导致不良后果。所以影响我们的不是事情本身，而是我们怎么看待事情的心态。一切的负面情绪都源自“非理性信念”的产生。

但是在这个社会，有些人的心越来越浮躁，会开始受到许多“非理性信念”的影响，当我们有“非理性信念”，我们的思考就容易受到影响，因此产生非理性的情绪。非理性的情绪通常不是客观的，并且常常影响着我们自身的情绪。

人总是习惯向外看

人最大的敌人就是自己。为什么人会变成自己最大的敌人？因为我们往往不了解自己。是了解别人比较容易，还是了解自己比较容易？其实了解别人是比较容易的，因为旁观者清；要了解自己是相当困难的，因为当局者迷。你看我们替别人做判断的时候，经常比较有把握，可是当自己要选择的时候，就常常犹豫不定。

人为什么那么不容易了解自己呢？因为人除了有外在的变化，还有内在的变化，我们的眼睛是往外长的，所以我们往往习惯看外面的东西，而不太了解里面的变化。所以我希望各位养成一种习惯，就是去看你自己的里面，看看里面到底是怎么起变化的。

举一个例子，现在的人，都是早上一起来就开始害自己。你看，现在的年轻人，早上睁开眼睛一看，糟糕，都这么晚了，然后就猛地一下爬起来，拼命赶去上班。这样对你的身体健康是很不利的，迟早要得心脏病。我请问大家，我们晚上是怎么睡着的？我们是睁大眼睛，等五腹六脏都安静下来，才睡着的吗？哪有这种人？我们是先把眼睛闭上，五腹六脏还在动，然后慢慢地，它们也安静下来，才睡着的。所以你就很清楚，早上你醒过来的时候，要倒过来，先把五腹六脏唤醒了，然后再睁开眼睛，起床活动，这样才对。现在不是，眼睛一睁，就开始拼命乱动，也不管五脏六腑是不是还在睡觉，搞得它们没有办法适应，不可能不生病。

我们没有去了解，我们的五腹六脏是怎么看的。当肠道蠕动得快的时候，就是提醒你去上厕所。它有这个需求的时候，你如果不理会它，时间久了肠道就出毛病了。夜晚睡觉的时候，我们的胃也要适当休息，所以睡觉前最好不要吃太多东西。可是有些人偏偏要吃宵夜，搞得胃不能休息，那你不得胃病才怪。**我们很清楚，所有的病都是你自己选择的，不是病在找人的麻烦，是人在找病的麻烦**。

有一个词很重要，叫作“内观”。观就是看的意思，内观就是看看你自己内部的活动。一个人情绪不安宁，其实跟他五腹六脏的情况有密切的关系。比如当你的肚子很饿的时候，别人跟你讲话，你大概没有什么耐心，就比较容易发脾气。所以，工作很忙的人，一定要准备一些小点心在身边，实在太饿又走不开吃饭，就顺手吃一点。这样你“内部”的状况，就不会给你太大的刺激，你才能够安心做事。

人应该重视向内看

我们建议大家，要去练习了解你真正的情绪到底是怎么样的。最好的办法就是暂停，这样你才能够把注意力拉回来。**当一个人老是随着环境的变化而变化的时候，环境就会决定一切**。你完全随着环境的改变，在那里团团转，你还有什么价值？现在开始，你要把注意力从外界的环境中拉回来，然后看看自己，看看你的真实状况是怎么样的。

这个叫什么？叫感觉，叫体会，叫关照。感觉什么？感觉你内心的活动。我相信每个人都有这样的体验，同样一句话，当你心情很好的时候，会觉得它是好话；当你心情不好的时候，就觉得是坏话了。

比如，你去问你的主管，这件事情要怎么办。他说，你自己看着办好了。那你的感觉是什么样的？你大概会有几种反应，一种是受到信任很喜悦，然后放心认真地去办；一种是感受到严重的威胁，心里面压力非常大，然后你就开始抱怨了，我好意请示他，他这样对我，嘴巴讲的好听要我看着办，到时候还不是我倒霉。为什么你会这样想？这是你的选择，然后你就开始用不同的态度来处理这件事。

同样一句话，你会有很多的判断，很多的选择，那到底应该怎么办？你必须要告诉自己，我过分重视这句话的意思了，这都是外在的变化，我不要太过在意。为什么我们会吹毛求疵？为什么我们很喜欢断章取义？为什么我们很喜欢主观、武断地去判断一件事情？因为我们现在的教育过分强调个人的发展了。

当一个人接受太多外来的信息时，他内在的活动就会降低。比如，现在你问小孩子什么问题，他的答案多半都是来自电视、来自老师，都是外来的，他自己不会去想，他的想象空间被剥夺了。我们以前接受外来的刺激很少，所以我们内在的创造就很多。现在小孩真的很可怜，什么事情都有一定的答案，答案太多的人，他就没有自主性，没有创造力，这一点各位要注意。

我们的教育太强调智能的发展，总是关注你有没有知识、考不考得及格、你有没有能力、是不是按照规定去做的。这就使得我们对情绪的感受力，发展得很缓慢。那些没有读过多少书的人，对外界的反应反而非常灵敏，什么状况都能够应对得恰到好处。那些读过很多书的人，你发现他在生活中都是呆呆的，都是莫名其妙的，你说这糟糕不糟糕？

有知识而没常识，这是很可怜的。但学校只教我们知识，不太教我们常识。我们生活中大部分是靠常识，只有专业才需要知识，所以当我们碰到情绪问题时，就不知道怎么去面对，就越来越没有把握，越来越困惑，然后就老是责怪环境，对当前不满。这么多年来，我看到了各式各样的人，发现有一种人是最可怜的，就是到哪里都不满意，走到哪里就批评到哪里，但是我们也尊重他，因为这是他自己的选择。

人很容易受到外在环境的影响。我们的理性完全被情绪所淹没，所以越来越冲动。比如现在的人动不动就骂人，动不动就打架，动不动就抗议，其实就是他稳定不了自己的情绪。很多事情，你先了解再从长计议，做出合理的反应，这不是很好吗？现在都不是，都是情绪很冲动，然后诉诸武力，好像这样就可以解决问题，其实效果不是很好。

所以，我们要开始练习体会自己内在的感觉。当你肩膀很紧张的时候，当你喉咙突然间收缩的时候，当你感觉到脑筋很混乱的时候，当你感觉到心情很恶劣、很失望的时候，你要提醒自己，先去想想，这些感觉是从哪里来的。这样慢慢你就会了解，就是因为外界的环境使我不适应了，那我要怎么办？我要调整我自己，要告诉自己，这样没有意义，不要这样反应，你的情绪自然就消失了。你要先去控制可以控制的部分，不要老把焦点放在不可控制的部分上，这样就对了。我们做任何事情都一定有风险性，你要觉悟，是你不可控制的才叫风险性。你先把可以控制的部分控制好，事情才会发生转变。

我们要透过自己的生理反应，去找出内在的主观感受。我们每一种情绪，都会连带着某种生理反应。比如，当你把拳头握得很紧的时候，就表示你的情绪非常激动，要打人了。那你先把拳头松开，这是你可以控制的，你的情绪就会放松一些，然后再理会别的事情，大概不会有太大麻烦。你不管它，拳头越握越紧，等到控制不住真的打出去的时候，你就要后悔了，那个结果是要自作自受的。打人要赔偿人家医药费，打坏东西也要赔给人家。我看到很多人气急了是砸自己的东西。一个不高兴，摔自己的眼镜，砸自家的电视机，然后等到气消了再买一个，这不是很无聊？就是因为他不了解自己。

我们已经讲得很清楚了，你的生理反应是在对你提出的一个警告。你重视它，开始去改变它，你的心情就会跟着改变。你这样去认识自己的变化，才能明白自己到底是什么状况，才能想办法转变，你才有比较良好的局面。

了解外在与内在之间的“中间层”

一般人只看到外面的变化，比较少注意到里面的变化。事实上，人的情绪除了受外在的和内在的影响，还有一个中间层。这个中间层，更是我们平常没有去注意的，就是你对信息的解读。

我们举个例子，有一次，我去检查身体，医生要我去做透视。那个做透视的医生，一边照我的肠胃，一边问我，你早上吃的什么？我就告诉他，我早上吃了一个鸡蛋、一根油条还喝了一杯豆浆。然后他就不说话了。我的外在只是说，他给我做检查；我的内在是感觉到心里很不安定；我的中间那一层就出现了，我会疑惑，他为什么这么问？是不是看到什么不好的东西？

幸好我有熟人，我就打电话给那家医院的院长，请他帮忙问问，医生为什么这样问我。那个医生告诉院长说，真的没有什么，我只是要刺激他的肠胃蠕动，我一问他吃了什么，他一回答，肠胃就动得明显一些，我就看得更清楚了嘛。你看，他只是随便问一句，结果把人快吓死了。

我们对信息的解读，就是这个中间层，它会给我们制造出很多麻烦。人就是很喜欢动脑筋，无缘无故地怀疑，无缘无故地恐惧，无缘无故地产生很多卑鄙、可怕、可耻的念头。这叫什么？这就叫作天人交战。

我常常问别人，如果你在路上看到一张100元的钱，你会怎么样？凡是说的捺起来交给警察这种话的人，都是在骗人。哪有这种人？真正的中国人是看到假装没有看到，然后赶紧看看别人有没有看到，这是最要紧的。如果大家都看到了，就没有我的事了，反正我也拿不到。

我讲真话，大家都觉得很可笑，因为我们大都不敢讲真话，我们不敢面对自己。我们不敢承认自己有这种想法，老实讲，我们怎么选择都有可能，这才是正常的人。我不太避讳这样讲，因为我心里很正当，什么都敢讲，你心里有恐惧，所以你始终不敢说出来。

我看到地上有100元钱，我一定假装没看到，先看看大家，发现大家都没有看到，我也不会宣扬，我会慢慢走过去，用脚把它踩住，这是最安全的。第一是让别人拿不到，第二是不会去打草惊蛇，第三是我可以有时间考虑我要怎么办。如果我现在非常需要用钱，那我先拿来用，我不是偷也不是抢，而是先借用一下，将来再还。

中国人有太多的选择，但是最后的决定才是你的关键。所以平常我们为什么要说价值观、人生观，就是在最关键的时刻，你会做怎样的选择，做怎样的决定。如果你看到100元钱，你把它交给警察，你应该很坦然，那是你人格的表现。你不能说，我是做好事，然后到处宣扬，希望人家表扬你，那就错了。

“推、拖、拉”是有效的办法

你要明白自己的情绪，你才有办法合理地处理它。所以最好的办法是什么？就是保持冷静，不要冲动。我们经常是冲动的，反应不经过大脑。所以在这种情况下，我们还是回到原来的建议，就是当刺激过来的时候，你要先冷静一下，想一想外面是怎样的，里面是怎样的，中间层又是怎样的，把它综合起来做一个判断，然后再做出反应。这样大概是很正确的，你才不至于会后悔。

我们提出“推、拖、拉”的概念，是要各位了解，“推、拖、拉”只有一个目的，就是让你很冷静地思考，然后做出合理的反应。可惜一般人不知道“推、拖、拉”的意义，只是盲目地“推、拖、拉”，以致造成非常恶劣的结果。

“推、拖、拉”是你争取在短暂的时间内，把外界的状况、内在的情形，再加上你中间层的思考，做一个综合的判断，然后进行合理的选择。一个人，假如别人送给你东西，你想都不想一下，就开口说要或者不要，那你就是目中无人。你推一下、拖一下，趁机慢慢想要或者不要，那你多半是个合理的人。西方人送别人东西，要就收，不要就拒绝。中国人你送他东西，他都说，不要客气，我们都是一家人，用不着这样的，然后推拉半天，最后说，好了摆在这里吧。最后也没有决定要还是不要，因为要搞清楚才可以决定，那么急干什么？

很多人不了解中国人的“推、拖、拉”，认为中国人很虚伪。**其实中国人一点不虚伪，他是在“推、拖、拉”的过程中，找到一个合理的情绪反应**。当一个人脾气不好，情绪太冲动，都是对自己不利的。一个部属做错了事情，如果老板马上抓他来骂一顿，是没有效的。你应该冷静一下，让他也冷静一下，他自己会来找你。你先听听他的解释，再给他一些警告，这样的处理方式他比较容易接受。**所以凡事合理才能解决，冷静处理才是最好的办法。**

第十二章

我们常有非理性的信念

“不一定”才是真的，“一定”就是不符合实际的。

所有事情都是自作自受，完全看你自己的观念。

每件事情有它的关联性，但是每件事情都是独一无二的。

中国人主张，有病要看病，但是看完病要忘病。

人总是把事情想得很坏，认为糟透了，最后发现是自己吓唬自己。

所有不切实际的观念，都是不合理的，是非理性的。

人的信念有理性的部分，也有非理性的部分，我们现在特别来讲一讲非理性的部分。我们常常认为这个世界很理性，人也都是靠理性在支配的。其实不见得是这样，因为我们自身常常有一些信念，它并不是理性的，并不合理，可是我们并没有发现它。我们这里就来讲几种，都是大家非常熟悉的，同时也是一些非理性的信念。大家一起来仔细思考一下。

夸大是一种非理性

有一大类非理性的信念，叫作夸大。我们对自己的事情，经常是夸大的，对于别人的事情，我们经常又是缩小了的。要清楚，人都是有双重标准的。比如，你自己摔一跤，就觉得不得了，好像是天大的事，可是别人摔一跤，你会觉得这有什么了不起，爬起来就是了。

我们对自己和对别人的要求是双重标准，对待不同的人，标准也是不一样的。就好像当老板的对自己的下属，评判的标准也是不同的。比如一个公司，仓库里面存放了很多物资。一天，一个下属发现仓库里竟然有一个火花，赶快拿桶水把它浇灭了。我问你，他到底有没有功劳？答案是不一定，很难讲。为什么？如果这个老板对他印象很好，他就有功劳，因为星星之火可以燎原，不要小看那个小火花，如果不及时扑灭的话，可能会酿成巨大的火灾，这是大功一件。如果老板对他印象不好，会觉得这个人就是大惊小怪，小小的火花要用一桶水去浇灭吗？吐口水它就灭掉了嘛，完全没有看到他的功劳。

为什么外国人总觉得我们中国人没有一定的标准，就是因为我们很主观。我们往往是爱之欲其生，恶之欲其死。一说到功劳，总是认为自己人的功劳特别大，外人的表现不值一提。中国人亲疏有别，这种事情总是分得很清楚。但是当我们把这种分别，搞得太过夸大，把度把握错了，就变成不好的现象。

有些现象是我们大家都很熟悉的。比如一道菜很好吃，你就说这是我有生以来吃过最好吃的，这就是夸大。现在很多年轻人在婚礼上喜欢说，她是我此生最爱的人。我就看看坐在旁边的妈妈，那个妈妈脸色就很难看了。妈妈心里想，她是你最爱的人，那我算什么？老实讲，这个年轻人太夸大了，他根本不知道自己在说什么。人家说此生最爱的人，是因为他的父母不在了，也没有至亲的人了，才会说妻子是他唯一的挚爱。你的父母至亲都在，怎么可以说这种话呢？完全是没有脑筋的说法。

有的人把事情夸大到不符合实际，最后没有人相信他。比如一个人喜欢吹嘘自己的经历，好像他生来就和别人不一样，是天之骄子，如有神助。我提醒各位，当你这样说这些话的时候，大家的感觉其实不是很好的。当一个人说话不切实际的时候，大家就会觉得很担心、很害怕，就对他越来越不信任。一个人不被别人信任，是很痛苦的事情，这叫作信任危机。**我们要实话实说，但是实话实说不是有话直说**。大家要把这两个分清楚。讲话要实在，但是表达要委婉，要让人家听得进去，这一套本事需要好好去磨炼。

“一定”是一种非理性

当你有“一定”的概念时，当你说“一定”这两个字的时候，你已经开始走向不合理了。

我们经常用“一定”来制造很多痛苦，但是偏偏我们很喜欢听这两个字。有人找大家来合伙投资的时候，当他说，这个事情是有相当风险性的，你要好好考虑，愿意承担这个风险，你再来加入，结果是不会有一个人来参加的。所以你去看，一般找人投资的人都是说，这次是百分百赚钱的，你今天不来明天就后悔，今天晚上十二点以前还可以参加，过时不候，结果大家都争着来投资。这都是很奇怪的现象。

我们深受“一定”这两个字的害，应该明白，天下的事情都是不一定的，凡是一定的都是夸大的。你看天气预报，说今天一定出太阳，可是经常是下雨的，当他说今天会下雨，经常是出太阳的。我要问各位，为什么气象局的仪器那么精密，科技那么发达，却经常报错呢？原因就是，当他测定以后，气象还在持续变化，就是他测的时候是很准的，但是测完以后情况又有新的变化，随着变化就不准了。所以当你做好计划的时候，你要知道，计划再周全、周密，你一定下来，那个变化就已经开始了，你就糟糕了。

我建议各位，要知道“不一定”才是真的，“一定”就是不符合实际的。你要有这种信念，当人家告诉你一定的时候，你就要想到不一定，你就不会失望。所以如果人家叫你投资，你就要自己想好，我承受得了这些钱的损失吗？如果可以，我就可以考虑参加，如果不行，我就要斟酌。当人家向你借钱的时候，你就要考虑，这个钱我借出去等于丢掉了，我能承受吗？如果我能承受，我就借。借钱是这样的，你借出去，就不要想着他还给你，哪天他还给你了，你就很高兴。现在的人不是，我今天借你3块，是想着将来能从你身上赚来5块，那你永远是痛苦的。

所有事情都是自作自受，完全看你自己的观念。为什么要“一定”？“不一定”又怎么样？这样就对了。我们明明知道“一定”是不可能的，但是我们非常喜欢“一定”，这就叫非理性的信念。

比如我要娶这个太太，她一定会跟我白头偕老，她一定不能生病，将来一定要能帮到我，有这种人吗？可能吗？你婚前检查统统来一遍，什么都没问题，结婚第二天，她一出门被车子撞死了，那你怎么样？丈夫婚前诅咒发誓，一定对妻子忠心不二，可是结婚十年，他就是要跟你离婚，那你又怎么办？你告他也是没有用的。**天有不测风云，人有旦夕祸福，未来就是不确定的**。尤其是现在，人的花样太多了，就越来越不确定。

“受不了”是一种非理性

还有一种非理性的反应，叫作“受不了”。有些人一碰到事情就是，我受不了，你怎么受不了？你还活着怎么会受不了呢？假如你真的死了，那就是受不了。所以当你说“受不了”的时候，其实没有人会同情你的。有些人在外面淋了几滴雨，就觉得不得了了，我怎么受得了这样？我就不明白，有什么受不了的？有的人，摔破一个茶杯，也要大叫一声，然后还要别人安慰半天。你是在干什么呢？

我讲一个真实的故事。有一次，我和几个人到郊外去野餐。我突然想去洗手间，那个洗手间在很远的地方，我也不想惊动大家，就一个人过去了。当我一脚踏进洗手间的时候，就发现一条蛇盘踞在那里。那条蛇和我的腿差不多粗，竖着身子和我身高差不多，它就在那里一动不动看着我。如果我当时说我受不了，大叫一声或者转身就跑，那我肯定被蛇吃掉了。好在我养成了习惯，知道第一个要冷静，我就想到对付这种凶猛的动物，最好的办法就是装死，因为它们多半不吃死的东西。所以我就整个人“死”在那里，它对我没有兴趣，一下就走掉了。我就松一口气，然后赶快离开。很多情况就是这样，你不要说你受不了，你受不了怎么样？难道干脆被它吃掉？我们不能总是有“受不了”这种观念，没有什么是受不了的。

以偏概全是一种非理性

以偏概全，也是我们常见的一种非理性的反应。有些人受到一点挫折，就开始抱怨，哎呀，我连这种事情都做不好，我看我是完了。你怎么完了呢？这件事情做不好而已，怎么会完了？可是我们经常这样，对于自己的期待太高，对自己的要求太苛刻。一个典型的完美主义者，你的情绪是不可能太稳定的。

我们又很喜欢从小的去看大的，从细微的去看显著的，这些都是我们常犯的毛病。很多说法我们很难说它对或者错。有一种说法是，看人就是要看他细微的地方，这样才是会看人。看细微的地方并没有错，但是如果你用一个细微的地方，就去断定这个人怎么样，那就是不合理的，是不切合实际的。

比较实际的是，一个原因可以产生好几个结果。你看到一个现象，要好好想它里面的各种因素。好好努力可能成功，好好努力也可能不成功。你好好努力，可能还没有成功就死掉了。所以成功、不成功、来不及成功，都是有可能的。一个因有好几个果，这个才是实际的状况。我请问各位，你有把握好好经营就一定可以赚钱吗？答案只有两个字，叫作骗鬼！因为根本是不可能的事情。你好好做不一定赚钱，他不好好做照样赚钱，这才是事实。

所以我们要记住，每件事情都有它的关联性，但是每件事请都是独一无二的。这一句话，各位可以作参考：历史是会重演的，但是每一次都是不一样的。历史永远是重演的，分分合合、合合分分，总是逃不掉，但是每次合都是不一样的，每次分也是不一样的。所以，你千万不要拿以前那一套，完完全全套在现在，那就错了。

我们要承认事情之间有关联性，牵一发而动全身，但是我们也要注意，每件事情都是独立的，不能以偏概全。经验很重要，但是按照经验去做的人，却经常吃亏，为什么？就是因为你不懂得调整，要凭借经验，也要配合现实做合理的调整，这样才对。

凡夫才种果，菩萨只种因。我请问各位，你是重视因还是重视果？我们现在的教育，让我们越来越重视结果。你考试成绩不好就是不行，你工作绩效不好就是不对，你结果不好就是不行。这都是种果的，是没有智慧的人才做的事。菩萨是什么？就是比较有智慧的人，他是种因的。凡夫他不知道因，看不到因，他只知道果。你看，我们现在所有的企业考核，都是重果不重因，就把好人都逼走了，然后大家开始做假账，搞那种虚假的业绩出来，聪明吗？其实是非常愚蠢的。

“糟透了”是一种非理性

还有一种非理性的反应，就是糟透了。本来没有那么可怕的事情，也觉得天塌了。天塌下来还有高个子顶着，你怕什么？

比如你去看病，医生跟你讲清楚情况了，你回来还是紧张，好像自己没救了一样，这不是很奇怪吗？人都是自己给自己制造压力，别人没有办法给你制造压力。你为什么要盲目给自己制造压力呢？有时候是我们自己把病想得太糟了，最后病没有怎么样，自己倒把自己压垮了。所以中国人主张，有病要看病，但是看完病要忘病。有病不看病是不对的，但是看完病，你要尽量调整自己的心态，不要总是把自己的病挂在心上，该吃药吃药，但是吃完药就把病忘了，这才是一个健康的人。

你看现在年纪大的人，很多都是担心得要命，就怕自己得病。人老了怎么可能不生病？我每次生病都觉得无所谓，老天要我回去我就回去，老天让我留下来，就过一天算一天，反而没有事。有的人就是不行，这也要吃，那也要补，最后只有害了自己。

老实讲，我连维生素都不补的。因为我不清楚我缺的是哪一种。去问医生？医生有那么神吗？万一我补了一大堆，唯独我缺少的那一种没有补，那不是很糟糕？虽然人的体内需要维生素，但是也要适量才有用，多了就变成有毒的了。维生素在身体里也不能储存。否则的话，有钱人把他100年需要的维生素都买来吃，那他就可以一直活下去了。幸好老天比较公平，你有钱你就吃，本来没有病的，吃多了反而病了。

比如有一个人很有钱，他去医院检查，发现自己肚子里长了一颗很大的瘤。他担心得要命，觉得自己所在城市的医院很小，开刀很危险，就跑去美国做手术。最后才发现，那个肿瘤就是他平时吃的药品外面的胶囊形成的东西。你看，这不是很倒霉吗？**天下本无事，庸人自扰之**。

老实讲，你只要过正常的生活，饮食起居都正常，你是不需要特别去补充什么的。因为现在的人生活都没有规律，睡觉又不好好睡，吃饭又偏食，才造成身体的各种问题。你看，像我们这代人，根本没有偏食的。我们对什么样的食物不会讨厌，也不会特别喜欢。因为我们从小就没有偏食这种观念。我小的时候，妈妈从来不会问我，你喜欢吃什么，或者你不喜欢吃什么。她是配给制的，给多少吃多少，多了没有，少了也不行。所以我们都是给什么就吃什么，给多少就吃多少，从来没有偏食的习惯。现在的妈妈不是，每天问自己的小孩，你喜欢吃这个吗？这就完了，你这是在培养你的小孩形成偏食的观念。

人总是把事情想得很坏，认为糟透了，最后发现是自己吓唬自己。你把结果想得很严重，导致自己承受不了那种压力，然后又开始怨天尤人，最后只有一个结局，就是精神崩溃，整个人垮掉，什么事都不能做。

你看，很多人年纪轻轻就走了，现在这种事情越来越多。什么原因？就是因为太勤奋了、太积极了，样样要扛，非我不行，结果一下子就垮掉了。为什么会这样？答案很简单，因为这种人上帝最喜欢。那么勤奋，那么负责，那么认真，天底下的事情都要自己扛。上帝说，我就是要这种人，赶快回来，你就回去了。你做到上帝那么喜欢干吗？

我们要记住，所有这些不切实际的观念，都是不合理的，是非理性的。这样各位才知道，中国人为什么讲中庸之道。意思就是“差不多”。很多人不了解，一听到“差不多”就痛骂。我要告诉你，**“差不多”是最好的**，差

不多就是不能差太多，什么事情做到差不多就好，不要求全求满。

求全求满，我们受这个害太多了，最后被逼得无路可走。我们明明知道人生不可能十全十美，但是天天要求十全十美。我们明明知道再怎么周到，一定会出差错，可就是不容许出差错。是我们的无知，导致我们的人生出现很多的问题。是我们的观念不正确，才导致我们有很多的烦恼。所以我们要把这些不正确的，都扭转过来。

第十三章

我们获得很多毒性教条

懂得科学的人都知道，世界上根本就没有100%。

中华文化里面没有什么糟粕，没有什么错误，是我们后来的人体会不够，是我们做错了。

一个人在太单纯的环境里，是长不大的。

聪明是后天启发出来的，不是生下来就有的。

我们生活的这个社会，也有一些毒性教条。

我们有情绪债务，就是从这些毒性教条而来的。

在培养孩子的过程中，如果父母给孩子过多的压力，让他过于焦虑、紧张，将会给自己的孩子带来深深的痛苦。很多时候父母之间的情绪出问题，最后全转移到了孩子身上，由于父母不经意间的坏情绪，而给孩子带来身心问题的案例太多了，后果往往是双方都遭殃。家长的情绪对孩子的影响，是远远超出我们想象的，所以作为父母，一定要用平和的心态去对待孩子。所以很多时候道理没错，是人做错了。

道理没错，是人做错了

很多人问我，为什么儒家不能说成儒教？我说，凡是宗教就一定有教条、有戒律，孔子是没有的。他又问我，那你做人做事的基本原则是什么？我说，我既不赞成任何事情，也不反对什么东西。他说，这哪成？我说，孔子就是这样的。

长久以来，我们对孔子有太多的误解，对儒家有太多的误解。孔子从来没有戒律，他的基本主张只有五个字，叫作“无可无不可”。意思就是说，世界上既没有什么东西是可，也没有什么事情是不可。我常常听到很多人批评我们的文化，说中华文化有什么糟粕，有什么缺点，有什么不对的地方，我就感觉到很奇怪。如果它有很严密的教条规定，你不可以这样，不可以那样，那你说它的规定是错的，还可以理解。但是孔子是没有的，我们现在所认识的教条，都是无中生有，所以是人做错了，不是中国人的道理错了。这一点是非常重要的，大家一定要搞清楚。

中华文化里面没有什么糟粕，没有什么错误，是我们后来的人体会不够，是我们做错了。只有人做错，道理没有错，因为根本没有什么主张，怎么错呢？这样各位才知道，我们一直要打倒孔子，但是最后孔子是打不倒的，为什么？因为一个没有主张的人，你打倒他什么呢？

所以大家在接触我们中华文化时，一定要特别小心，你没有足够了解的话，会把整个文化扭曲掉的，那是非常糟糕的事。比如，很多人到现在一听到“马马虎虎”这类的词，还是要大骂的，好像中国人都是不负责任的。但是如果你足够了解我们的文化，你就不会有这样的想法。我们知道，什么事情都不可能要求完美，你就算偶尔做到了，那个牺牲也是很大的，不值得。懂得科学的人都知道，世界上根本就没有100%。你看一张桌子，表面看它好像很平，实际上它完全不平。**绝对平的桌子，没有人能做得出来。**

家庭中的毒性教条

我们今天在家庭里面受到的很多教育，其实仔细想想都是有问题的。大部分是父母的错，并不是中华文化的错。你看，我们现在的家庭里，总是有很多不合理的状况。婴儿一哭，家长马上喊，不要哭！婴儿不会说话，本来就是要哭的，不然你叫他怎么表达自己？会当父母的人，要去观察小孩为什么哭。他是肚子饿了，是尿片湿了，还是不舒服？你逐一排除，发现他是肚子饿了，你就赶快给他吃的就好了。下一次就要记住，在他肚子饿之前就给他吃的，他就不会哭了。现在不是，每次都不知道孩子为什么哭，搞得大人焦头烂额，孩子哭得更凶了。我们的观察力实在太差了，那你去怪谁？

有的家长喜欢教育小孩子，不能垂头丧气。为什么他不能垂头丧气？一个正常人，他总有情绪高昂的时候，也总有不得志的时候。你只允许他高兴，不允许他垂头丧气，那他还正常吗？做父母的应该细心观察孩子，看他是为什么垂头丧气，然后帮助他、开导他，让他重新恢复信心，这样才是对的。

小孩子一闹脾气，家长就开始呵斥他，不许生气。如果是你，你做得到不生气吗？如果你都做不到，为什么要要求小孩子做到呢？老实讲，现在很多家长的观念是有问题的。这表示我们都是心里只有自己，没有别人。我们心里面的自我意识太强了，根本不会体察别人的意愿，连自己的小孩都体察不到。

人人都有不被了解的痛苦，就算是一家人，我们也很少去了解他的内心世界。做父母的只看到小孩子又把自己搞得脏兮兮的，就要骂他。完全不问他，为什么搞成这样，是摔跤了，还是在外面碰到什么事情？做妻子的拉着丈夫出门玩，她奇怪怎么丈夫今天穿这套衣服，怎么不整理得好一点？都是只看到外面，从来不去顾虑他里面的想法。这个丈夫也许今天根本就不想去，因为还有很多事情没做完，可是没有人在乎。这样的家庭其实很可怜，四个字叫作“貌合神离”。一家人貌合神离，各想各的，那这样的人生还有什么意思？再有钱也没有用。

我们为了一句“家和万事兴”，就弄得一家人都很假，有话不敢说，有脾气不敢发，有事情不敢提出来讨论，为什么？怕家庭不和睦。其实，我们对“和”字也有很多误解。和，可以说成“一团和气”。但是“一团和气”又有不同的做法，真的一团和气，那一个家庭才可以万事兴；表面的一团和气，到最后把整个家搞得一团糟，也是有可能的。和也可以说成“和稀泥”。“和稀泥”是天底下最糟糕的事情，它会搞得没有是非，每个人都很委屈，所以一家人千万不能和稀泥，大家都有话不敢讲，怎么可能同心同德？

“和”字要跟另外一个“合”字连在一起，所以中国人经常说“和合”。“和”而不能“合”，那这个“和”也是假的，大家要能够合作，心跟心要连在一起，这种和气才是好的。表面上一团和气，但是什么事情都不敢谈，各搞各的，你骗我、我骗你，那这个家庭是不成样子的。

我们所说的含蓄，只是说你不要那么冲动，不要那么激烈，不要那么夸张，而不是说不可以有情绪。把怒气藏在肚子里面，那会爆炸的。我们不可以压抑情绪，适当地抒发其实是好的。所以妻子哭的时候，丈夫不要制止她，就让她哭，哭得差不多了，她自己自然会停下来。这个时候，你再跟她讲话才有用。道理一样，当丈夫发脾气的时候，做妻子的不说话就是了，你等他脾气发完了，没有怒气了，你再来问他怎么回事，这样才叫作自然的抒发。

“家和万事兴”没错，但是你对它的体会要很深刻。有问题要说出来，大家互相了解才能真正的和。小孩因为怕爸爸生气不敢讲，因为怕妈妈生气就躲躲藏藏，这些都不是和，最后一定会爆发的。

为什么小孩在家里很乖，到外面就很坏？因为他这样才能平衡。所以你的小孩回到家乖得出奇，你就要做好准备，他在外面可能惹事了。一个妻子在丈夫面前总是说是是是、好好好，那丈夫也要提高警觉了，她是不是有什么事情？一个丈夫回到家，对妻子客客气气的，那他八成在外面有什么婚外情了。所以，我们的阴阳文化是非常高明的。

我们特别提出家庭里面很多错误的状况，就是要提醒各位，好好注意这些问题，赶快把它扭转过来。但是大家要清楚，这些问题跟中华文化是没有关系的，是我们今天的做法不对造成的。你不能说，我的家庭出现这些问题，就是传统的家庭观念有问题，我要抛弃这些观念。你不要把责任推出去，这个跟传统观念没有关系，是你用错了。

学校里的毒性教条

今天的学校教育里面，也有很多毒性的教条。比如，学校里每一科都要给你打分数。我不知道打分数的意义是什么。我问你，体育课要打分数吗？难道一个人一定要一分钟投进7个球，才叫会打篮球吗？其实没有必要！只要你运动了，只要你学会了基本的要领，那就可以了。现在不是，如果你没有在规定的时间里投够7个球，体育分数就不及格。我就很奇怪，为什么不及格呢？我很想问问老师，59分和60分，差在哪里？如果你去问，老师是答不出来的，他会恼羞成怒。因为大家心里都清楚，一问到有关道理的事情，我们都是答不出来的。

考试考不好，就觉得很丢脸。有什么可丢脸的呢？我觉得我们的很多观念都是自己找麻烦，因为那是根本不存在的东西，但是我们偏偏认为它很重要。分数不可能代表一个人的价值，但是我们现在就认为分数代表一个人的价值。结果就逼得学生去作弊、偷看别人答案，不然他要怎么办？

有的人天生对数学没有兴趣，这是他的天性决定的，你逼他有什么用呢？一般来讲，女生多半对数理化比较没有兴趣，男生多半数理化稍好一点，这是天生的，你有什么办法？现在就是弄得很多女孩子，成了考试的牺牲品，不喜欢也要拼命学数理化，最后搞得不像个女人了，有这个必要吗？分数真的不能决定一个人的价值，可是我们现在的教育就让有些学生误入歧途。等到你走入社会才发现，原来真的不是分数说了算，是要看你的综合能力，但是这时候才发现时间已经浪费掉了。

我在这里要说清楚，这些毒性教条是老天给我们的考验。**我们一生会遇到很多的毒性教条，都是不可避免的**。我们把它们指出来，不是要你去抱怨，然后痛恨自己的家长、老师。而是说，你要学习怎么去面对它，怎样去做一个解脱。老实讲，一点毒性教条都没有是不存在的，没有一点毒性教条，你怎么会长大？如果老师没有做错一些事情，你怎么会明白道理？

一个人在太单纯的环境里，是长不大的。家庭越富裕，社会越繁荣，人的脑筋就越来越不管用，所以千万不要去羡慕那种人。全世界脑筋最发达的是两种人，一种是犹太人，一种是中国人。就是因为这两种人所受的折磨最多，所以他们的头脑最灵活、最聪明。**聪明是后天启发出来的，不是生下来就有的**。有些号称最发达的国家，过日子根本不用动脑筋，他的头脑怎么可能灵活？不可能的。

社会上的毒性教条

我们生活的这个社会，也有一些毒性教条。现在人都太过重视外表了，这就是一种毒性教条。我们在外面遇到人，总是看他穿的是不是名牌，戴的是不是名表，开的是不是豪车。然后名片一拿出来，就觉得这个人实在了不起。可是要知道，名片有很多是假的，那上面的什么职务，随便印一印就成，要不然现在怎么有那么多诈骗事件？当你去看医生，看到他诊所的墙壁上挂了很多证书，你怎么知道哪张是真的？老实讲，越是碰到这种事情，你越要怀疑。因为他就是没有实力，才需要用那些东西来充门面。像这种拿虚假的外表骗人的，我看过很多。穿得好、用得好，拿出名片来，不得了。我们开玩笑说，这种人只怕掉到厕所里，也从不怕家里着火的。因为全部家当都在身上，家里什么都没有，烧也就烧了，可是如果是掉到厕所里，那所有东西都完了。

比如现在，人没有赚多少钱，再怎么样咬紧牙关，也要买辆车子。不知道你要开给谁看。经常开车的人根本不想开车，开车有什么了不起？你看，好不容易买一辆车，那个车钥匙一定要随时拿在手上，生怕人家不知道他有车。一个人太不了解自己，才会这样子，因为他心里不踏实，总觉得外面有很多人看不起他。凡是讲话声音特别大的，都是很心虚的，都是心里不踏实的。要不然你用得着这样吗？处处要跟别人家比，有什么好比的？但是我们很可怜，我们从小就被家长拿来跟隔壁家的小孩比，最后比出很多痛苦来。

现在人们经常说，这是一个竞争的社会。我不认为这是一个竞争的社会。我是很少跟人家竞争的，我从小没有上过补习班，功课我也不求考100分。因为我的爸爸没有这样要求我，我爸爸经常跟我开笑话说，考那么多分又不能当饭吃，考那么多分干什么？人家穿什么衣服是人家的事，我穿什么是我的事，我管他干吗？他也不管我，这不是很自由自在吗？你老爱跟人家比，你们的立足点根本不平等，怎么去比呢？没法比的。一看人家住大房子，回到家就觉得自己很羞惭，其实是不必要的。房子大与小各有利弊，住大房子一定样样都好吗？当你在国外买一处大房子，光院子里面的草坪，一年可能就要花一万美金打理，可你有没有想过，你一年能赚多少钱？值得吗？国外有钱的人，一栋房子3个人住，里面洗手间就有10个。我一个外国友人家的太太跟我讲，她每次要外出，光是关门窗就需要花40分钟，回来还要再开。你觉得过这种生活好吗？

可是在国外是没办法选择的。在国外，你收入多少就要过什么样的生活，你不能随便改，否则人家会觉得很奇怪。我们中国就没有这种规定，所以我说天底下最自由自在的，就是中国人。比如我很有钱，但我就是喜欢住小房子，没有人管我。这个在国外是不行的，国外阶层的划分是死的，现在很多人又开始让别的国家的人也过这样的生活，凭什么？

还有一种毒教条，就是我们只能赢不能输。我们都知道，所有比赛都是有输有赢的，为什么一个人只能赢？如果你下象棋下得很好，每下必赢，我告诉你，以后没有人会跟你下棋。会下棋的人都是有输有赢，每次赢一点，然后输一点，这才是高手！**人要同自己比，不要同别人比**。我自己不断有进步就很好，我跟人家比什么？他胳膊比我粗，力气比我大，那就让他去打人好了，我乐得不打，这有什么不对？

毒性教条造成情绪债务

我们有情绪债务，就是从一些毒性教条来的。有一些毒性教条，是从小就不断加在我们身上的，累积成为一个很不正常的情绪环境。所以，我们一定要逐一加以检讨，加以改正，逐渐把这些债务清除掉。

有一天，你会觉得偷懒不是罪恶，你可以很悠闲，不去盲目竞争了，你就差不多了。**我们中华文化就是让每个人都很悠闲，让每个人都很安乐，这种日子有什么不好？**

如果你急着赚钱，当你没有钱的时候，当然很急迫，可是稍稍有点钱了，就不要那么急迫，那么急迫干什么？一句话讲完了，你赚尽了天底下的钱，却把自己宝贵的生命浪费掉了，那你是天底下最大的傻瓜。钱和命相比，当然命重要，钱算什么？但是现在人都是为了钱拼命，那不是跟自己过不去吗？

我们不要去要求别人。人都是很喜欢要求别人，其实没有那个必要。儒家讲的是反求诸己，就是我们要从自己做起。你把你自己的情绪稳定好，不要去管别人，只要你稳定了，别人也会跟着稳定。我很坦白地讲，为什么有些人的情绪不稳定？就是因为你不稳定，所以他们也跟着紧张！尤其是当领导的人，如果你一来就弄得大家紧张兮兮的，那别人只会跟着你倒霉。你去问问当干部的人，说你怎么这么紧张？他会告诉你，领导不在的时候我根本不紧张，我会自己安排工作，他一来就麻烦了，弄得大家没办法工作。很多人不了解这个状况。比如爸爸不在家，小孩很愉快，爸爸一回家，孩子紧张得很。爸爸动不动就骂，动不动就摔杯子，那你是在干什么？你的情绪不安，使得全家都跟着不安。同样，领导的情绪不稳定，使得整个组织的人都跟着不稳定，那是谁的责任？

儒家说反求诸己，就是出了什么事情先看看自己，我一定有什么不对的地方，我多少有点不对，我先改正我自己，然后别人跟着就改过来了。我们为什么讲风气，因为风气它跟风一样，风一吹过来，所有的草都会跟着动起来。**我们要从自己做起，把自己的情绪弄好，少管别人。**

这样各位才知道，中国人不喜欢被人家管，其实是有道理的。所以我们一开口就是不要你管，也是有道理的。每个人把自己管好，就不用管了。我们做事情，首先看看自己应该做什么。该做什么，就把它做好，不会的问别人，还要什么管理？

一个人把自己管好，先从情绪开始。所以为什么我给企业提建议，上班前5分钟不要做事，先把大家的情绪稳定好，每个人看看自己该怎么做，然后好好去做，那就没事了。现在都是，一上班就集合起来，老板一顿大骂，到处乌烟瘴气，然后还让员工去大马路上喊口号。那你这是在害自己。怎么会有这么笨的老板？但是我们还觉得这是现代化，简直笑死人！我想，这些问题我们大家都要仔细想清楚。人先把自己调整好，先把自己的情绪稳定好，然后使你周围的人都情绪安定，这样你才能好好的生活，好好的工作。

第十四章

情绪管理只有一条规则

我们要做情绪的主人，就要有办法把自己的情绪管理好。

我们时时刻刻要调整自己的脑筋，这就是儒家所讲的反求诸己。

你了解了全世界以后，你就知道“无可无不可”了。

中华文化是有相当深度和高度的，一般人真的很难了解。

一个人情绪持续地紧张，很快就会生病。

文化没有好坏，文化只有特殊性。

情绪管理听起来好像很复杂，其实不然。情绪管理只有一条规则而已，就是当你头脑清楚的时候，你的情绪就很稳定。所以现在人没有别的问题，只有一个问题，就是头脑不清楚，用现代人的话来讲，就是观念不正确。

人要做情绪的主人

我们被很多不正确的观念所害，譬如说情绪是谁在主管的？我们往往会说是别人让我生气的，是环境使我痛苦的，是事情使我伤脑筋的，这种观念都是错误的，现在要赶紧改过来。我们要清楚，是我们在主宰外面的东西，不是外面的东西来主宰我们。你要怎么样就可以怎么样，别的东西拿你没有办法。**你的情绪会随着外界而变动，就表示你没有尽到责任**。没有尽到什么责任？就是你是自己主人的这种责任。我们要做情绪的主人，就要有办法把自己的情绪管好。只要你把观念搞清楚，很多事情就化解掉了。

假如你来到公司，发现你的上级对同事很好，就是对你不好，这时候你怎么反应？一般人就是表现得很不服气、很委屈，甚至开始闹事。结果呢？对你自己越来越不利。因为你就是在证明，上级对你的感觉是对的。他会想，我为什么对别人客气，对你不客气？就是因为你总是闹事。如果你头脑清楚，你应该换一下观念，他这样对待我，是在暗示我，有什么事情我做得不好，做得不对，那我就调整一下。你这样去做，上司的脸色慢慢就改变了。

我们中国人不太喜欢当面骂人，多半会给他脸色看。给他脸色看跟摆架子是完全不一样的。我必须要说明，我们今天就是这些东西没有彻底搞清楚，才搞得头脑混乱。**一个人不能摆架子，但是一定要会给别人脸色看**。你摆架子，那叫作摆臭架子。你因为正当的理由，给他脸色看，就表示你尊重他，因为你不能直接骂他，所以给他脸色看，让他自己去反省。他如果醒悟了，自己调整过来，那两个人就跟什么都没发生一样，不就好了？但是我们现在的人都在用错误的观念，一看你脸色这么难看，那我比你更难看，那就完了。

我们时时刻刻要调整自己的头脑，这就是儒家所讲的反求诸己。一看到他脸色不对，你就认为他对你不礼貌，这是你的错。一看到他脸色不对，就赶紧想一想，他平时对我很好，为什么会这样？他是用脸色暗示我，我有什么地方做得不对，那我就去找找，我哪里不对，赶快调整过来，这有什么不好的？

不要把情绪当坏事

不要把情绪当成坏事，很多人都把情绪当成坏事。人或是动物，都有情绪反应。比如一条狗，你踢踢它，它就对你吼；你摸摸它，它就摇头摆尾。人也是一样的，人也有逆鳞，为什么你偏要碰呢？我们有情绪是天生的，是好现象，一个人伪装到完全没有情绪，好像莫测高深，其实是有危险的，因为大家完全无从了解你。

人有情绪反应很正常，但是你的情绪反应成熟不成熟，才是我们所关注的重点。**只要是合理的情绪反应，对你的人际关系、你的生活都有正面的帮助。**

讲到这里，我希望各位了解，我们大家都是人，都有情绪反应，不能说只有我可以发脾气，你不可以发脾气。但是现实往往是这样，我是长官，我是上司，我可以发脾气，你一个小干部，你行吗？你配吗？这就不对了。

坦白说，我也做过一些人的领导很多年，我倒是希望我的部属发脾气。因为一发脾气，我就知道他真正的个性是怎样的。如果他永远不发脾气，我对他实在很怀疑，因为不了解他到底是怎样的一个人。

大家有没有发现，你要跟一个领导相处，总会想办法去试探他，看看他忍耐的限度在哪里，然后提高警觉，以此来保障自己。那我现在问你，你是希望碰到一个完全不发脾气的领导，还是一个会发脾气的领导？有经验的人都会说，还是会发脾气的领导比较好相处。完全不发脾气的人，你会感觉到很害怕，因为你完全不知道他怎么想，哪一天真的惹到他，不知道会被整得多惨。**人在清楚边界的环境中，就比较有安全感，摸不着边际的时候是最恐惧的。**

我们对自己的上司，经常有很多的抱怨，对他们的一些行为很难忍受。大家都觉得，上司应该对我们客客气气的，其实那是我们自己不对。我经常劝人说，上司对你客气，你是完全没有福气的。一个人在职场中有福气，就是上司对你不客气。老实讲，他如果没有把你当自己人，就不会对你不客气。比如领导有很多事情，不敢交给别人做，专交给你做，你应该感谢才对，为什么还要有那么多抱怨呢？

我们很多的观念其实都是错误的。我们的自以为是最后害死了自己。孔子说“无可，无不可。”后人一听，认为那不就是没有答案吗？梁启超当年听到这种话，愤怒得不得了，认为中国人糟糕就糟糕在这里，完全不负责任。但是，他到欧洲一阵子回来以后，他讲了一句话。他说，你了解了全世界以后，你就知道无可无不可了。

胡适年轻时也是很反对传统的，但是他七十岁的时候写了一篇文章，把自己年轻时候的言论全部否定掉了，他说还是中华文化最好。胡适的很多学生看到他这篇文章，就跑来问他，这样不是跟以前你说的话都相反了吗？那怎么办？胡适真的是中国人，他说，哎呀，人总会犯错嘛，老师错一下有什么关系。我只是以前说错了，现在开始改进有什么不好？这是非常了不起的事情。老实讲，胡适年轻时搞的那些，真的害了很多人，但是他到最后那句话，我觉得很感动。错了就承认错误，再骗下去会害死更多人，这样的人同样是了不起的。

中华文化是有相当深度和高度的，一般人真的很难了解。我们拿出一个最简单的标准，就是“合理”两个字。**天底下没有好坏，合理就是好的，就这么简单**。所以哪一天，你把我们的道理用到合理的地步，你就是好的，不合理就是不好的。没有什么文化的糟粕，不要相信那种话。现在有些人，一直想把中华文化哪一部分去掉，其实它是整体性的，牵一发而动全身，你没有办法去动它。何况是我们后来的人理解错了，是我们做错了，不是中华文化错了，不是的。

情绪反应不宜过度激烈

我们要记住，激烈的情绪反应对身心都是有害的。西方人的反应都是很激烈的，西方人高兴起来，好像什么事情都做得出来，伤心起来，好像也不得了。中国人大概不会这样。

西方人一得奖，走到领奖台上，就开始说，感谢这个、感谢那个，感谢一大堆人。我就觉得很好笑，你感谢这个人、那个人，有没有想过家里的爸爸妈妈？爸爸妈妈看了半天，就是没有感谢他们，那他们两个没有功劳吗？但是现在中国人也开始学西方人，得到奖杯，也要感谢这个、感谢那个。可是你感谢得过来吗？你先感谢爸爸还是妈妈？你先说哪个都不对，忘记说哪个也是不行的，总会有人不高兴。所以，聪明人都不会这样，就说一句，谢谢大家，谢谢大家，然后赶快溜走。这个人就对了。

老实讲，为什么中国人讲话老是含含糊糊，很多话到嘴边都不讲。因为话讲出来，总有人会不高兴，那你干吗要得罪人呢？我给各位一个建议，在中国社会，你不要去讨好任何人，也不要得罪任何人。中国人是讨好不了的，中国人也得罪不起，否则后患无穷。你明白了这一点，就好了。为什么我们中国人的情绪比较含蓄，比较平稳，没有那么激烈？原因就在这里。我们有什么高兴或者伤心的事情，都是私底下去表达的，没必要公开。

从科学的角度看，当人的中枢神经过分活跃的时候，对身体是有伤害的。为什么一些演艺明星最后要自杀？我可以很清楚地告诉各位，一个人在掌声当中是活不久的。很多人很喜欢听掌声，这种人是很可怜的。哪一天掌声没有了，怎么办？活不下去了，就跳楼了。

有时候我去讲课，那个主持人说，各位掌声热烈一点，曾老师就讲得好一点。我心里想，你把我当傻瓜吗？老实讲，年轻的时候刚出来讲课，我的确是受掌声影响的。但是我告诉你，掌声太激烈，你的心理压力就会很大，这会让你整夜睡不着觉。然后就开始吃安眠药，吃多了就中毒，不吃就要跳楼了。谁叫你去迷恋那个掌声？所以慢慢地，我就知道自己要修炼。你要清楚，人家要鼓掌那是他的事，你少听，只管做好你自己就行了，就无所谓了。

所以，我讲课的时候，有人中途走出去，我不会觉得他是在抗议，或者对我有意见。因为他有他的事情，很多情况你是没办法了解的。这种事情我见得太多了。

有一次，我到一家公司去讲课。我发现有一个人一直在打磕睡，换成别人，肯定会很气，会请他出去。我没有，照常讲我的课。结果下课以后，他来找我，跟我说，老师，我昨天上夜班，整个晚上没有睡，但是听说您今天来，我就没有回家，您看我坐在那里好像一直磕睡，但是您不要误会，我都在听的。我说我没有误会你，也没有生气。因为这种情形我见过太多次了。

我年轻的时候，去一家很大的公司讲课，那个公司的董事长就坐在第一排，跟我面对面，不但在那里打瞌睡，而且还很大声打呼噜。我那时候太年轻了，就说我们把董事长请去休息，然后再继续讲。事后我知道，我错了，我真的错了。第一，人家那么忙，坐在这里已经是给你面子了，他打打呼都不可以？你怎么这么霸道？第二，我是他请来的客人，我怎么有资格教训他？第三，我不讲所有人都知道，大家都在那里说，我们董事长怎么搞的？要么就不要来，要么就不要坐在这里打呼。我不讲他们都同情我，我一讲出来，所有人都骂我，他们会说，你怎么敢骂我们董事长？最后还是我倒霉。

所以，我慢慢得到了教训，我这样直接做出反应，那些公司就拒绝与我往来了，以后都不敢请我。我就想清楚了，很多事情你不讲跟讲是一样的，如果不讲的效果比讲还要好，你还那么激动干什么？

情绪反应太激烈的时候，会伤害到你自己，那种状况是很难控制的，可是很多人不知道。开心的时候，你大笑个不停，其实对身心是有损害的。笑有时候也会笑死人，所以我们会说笑死了、笑死了，最后是真的笑死了。比如我们看《三国演义》，经常对阿斗有很多误解，好像他最没有能力。其实阿斗是很高明的。你看，司马昭就是笑阿斗，活活笑死的。司马昭那么精明的人，好不容易把蜀国灭掉，把阿斗软禁起来，好像已经大功告成了。可是最后阿斗几句话，竟然把司马昭活活笑死了。你说谁比较厉害？

一个人情绪持续地紧张，很快就会生病。现在很多人，工作中的压力，搞得人情绪始终紧绷绷的，然后一下口腔溃疡，一下胃溃疡，一下气喘心慌，一下偏头痛、高血压，皮肤莫名其妙出疹子。为什么会这样？一个原因，都是情绪紧张导致的。

你看有些人，我们一靠近他，我们就感觉紧张，全身紧绷在那里。这种情况是有的，是人与人之间的磁场感应。有些人你跟他在一起，你会觉得很轻松，有些人你一靠近就开始紧张，这种人自己就要调整了。凡是引起别人有压力、使别人紧张的人，你都要自己检讨，做人做到这种地步，还有什么意义？一个人到了四五十岁以后，整个肩膀都是僵硬的，完全放松不下来，那你就要特别小心，要知道必须要调整自己了，否则就是害自己。

不要过分压抑情绪

人的情绪如果过分压抑，就会变成潜意识。所以当你觉得气得要死，但是不知道什么原因的时候，就是你气愤的情绪已经变成潜意识了。

我们要知道，婴儿会攻击别人，是因为他有各种各样的感觉和情绪，我们不要去压抑他。一个小孩子玩自己的大便，父母不要大惊小怪，因为在他看来，食物和大便没有什么不一样。我们用大人的看法、大人的标准来衡量他，这是不好的。使他在潜意识里认为大便是很羞耻的事情。其实大便有什么不能讲的？除了吃饭的时候不能讲，其他时候都可以讲。

有些情绪反应变成潜意识以后，还是很活跃的，你会不知不觉中用各种奇奇怪怪的方式，把你的潜意识表现出来。所以有时候我们会莫名其妙地生气。我们看到一个人，完全不认识，也没有跟他讲话，但就是觉得这个人很讨厌，是不是很奇怪？为什么会这样子？就是因为藏在你潜意识里的某些因素，突然和这个人的某些地方重合，所以就激发你那种不好的情绪反应。

人有意识的部分比较容易控制，但是潜意识的部分很难控制。而潜意识的部分比有意识的部分要多得多，跟冰山一样，有意识的部分是看得见的冰山一角，但是潜意识的部分是下面没有看到的那一大部分。要解决潜意识里面存在的问题，相当麻烦。所以最好的办法，就是不要过分压抑自己，找到合理的方法、合理的途径，疏导自己的情绪，这样比较妥当。

学习应当重视自己的文化

我们建议大家，要学习，一定要跟自己的文化结合在一起。否则，你学习的一套跟我们的社会格格不入，你就很糟糕了。

现在流行五颜六色的头发。假如你到国外去，你问一问外国人，什么颜色的头发最好看？他说是黑色的。你相不相信？我们天生头发是黑色的，却要搞成五颜六色的，你说奇怪不奇怪？我也没有说黑色一定是最好的，我不是这个意思。而是说，这都是物以类聚、人以群分的。你看，金色头发的人跟金色头发的人在一起，五颜六色头发的人就跟五颜六色头发的人在一起，秃头的和秃头的在一起。你去看看非洲人，他们的头发最起码要搞六七个小时，就是因为他们每天没有事干，所以才扎那么多辫子。如果让中国人也搞成这个样子，你是干什么呢？

文化是源于当时当地的情况，大家共同孕育出来的一套花样。文化就是花样而已，不是什么了不起的东西。美国人有美国人的花样，英国人有英国人的花样，德国人有德国人的花样，如此而已。还记得我第一次到英国的时候，碰到一条路叫滑铁卢路。我当时很奇怪，因为我们通常的观念，滑铁卢是代表失败的，怎么会有一条路叫滑铁卢？我就问一位英国朋友，他回答说，滑铁卢就代表胜利的意思。我一下恍然大悟，滑铁卢是指英国人胜利，法国人失败的。我们习惯接受法国人的观点，所以觉得滑铁卢就是失败，但是在英国人这里完全是相反的。这就是文化的区别。

文化没有好坏，文化只是有它的特殊性。所以大家要学习，就一定要重视中国人的花样，重视我们的中华文化。每个民族有其不同的传统，有其不同的习俗，我们都应该加以尊重。文化就是一大堆花样，但是它要化成大家心里都能够认同的东西，是非常不容易建立起来的，所以我们要珍惜，要传承下去。

第十五章

我们都是独一无二的人

中国人最擅长的就是同时讲两句很矛盾的话。

我们彼此尊重、彼此包容、彼此谅解，大家的情绪就都很稳定。

我们不接受环境决定论，但是要承认环境对我们有很大的影响，这才是中国人。

我们要接受社会的约束，我们要接受文化的规范，不能太叛逆。

中国人说话和做事都是扯来扯去，最后扯到一个合理点上。

前半夜想自己，后半夜想想别人。

差异是指人与人之间在脑力、体力及能力等方面的差距，是由性别、年龄、文化背景等因素造成的。在不同认知的人眼里，世界是完全不同的。不同思维的人，表现出来的行为也是完全不同的。同样的道理，情绪上所有的不良的反应，是每个人都会有的。因为程度不一样，因为人与人之间的差异性，也还是会有所不同，所以我们只能靠自己去调整，因为只有自己才能了解问题出在哪里。

人与人之间存在个别差异

我们中国人最擅长的，就是同时讲两句很矛盾的话。我们一面讲，人同此心，心同此理；马上又讲，人心不同，各如其面。那我问你，到底哪一句话才是对的？答案就是都对，也都不对。很多人不能接受这样的观念，所以苦恼不堪。人同此心，心同此理，是指人类共通的部分，我们有共同的性质就叫人性。人心不同，各如其面，是指我们的个别差异，就是个性。一个是共性，一个是个性，两个都存在。

人与人之间有很多地方是相同的，饿了就要吃东西，疲倦了就要睡觉。所以很多人跟我讲，他睡得很少，我都劝他不必介意。因为按照人共同的生理需求，当你累得实在受不了，自然就睡着了，你还撑得住，就表示你不用睡那么多。不是所有人都要同一时间休息、睡同样多的觉，有人8小时才够，有人6小时就够了。比如拿破仑，每天只睡3小时。这句话大家也不要相信，如果你学拿破仑只睡3小时，那你可能会死得很快。因为拿破仑是时时刻刻在打瞌睡的，每天加起来可能也睡够9小时了。所以我们听话要仔细听，不要断章取义。

人有共同的部分，使得我们很容易彼此了解，但是人又有个别差异，有时候让我们很伤脑筋。比如孪生兄弟，按道理说应该是一模一样的，可是他们也有很多地方不同。个别差异，是我们情绪反应不同的主要原因。个别差异我们必须要加以尊重，因为我们每个人都有。比如我喜欢喝茶，你喜欢喝咖啡，那你就喝你的咖啡，我不会批判你，也不会劝你喝茶，不需要的。

有人问我喜欢喝什么，这一点我跟钱穆教授是一样的。钱穆教授在国内他一定喝茶，可是到了西方他一定喝咖啡。很多人问他，钱老师你不是喜欢喝茶吗？怎么来到美国喝咖啡？他说美国没有好茶，我不喝咖啡喝什么？回到中国有好茶，我还喝咖啡？我不是自己找麻烦吗？这样就对了。比如有的人，到美国非要花很多时间去吃中国菜，这是很奇怪的。像我在国内是从不吃麦当劳的，可到美国有时候什么都没有，只有一家麦当劳，我就吃麦当劳，有什么了不起？人如果连这点弹性都没有，那你的情绪怎么会稳定？如果你到美国，开车两三个小时就为了吃一顿中国菜，你不是很奇怪吗？很多人是这样认为的，没有中国菜我不吃饭，其实你在美国吃得到中国菜吗？答案是根本吃不到。

有一次，我在美国的中部，好不容易看到一家中国餐厅，我们几个人就进去了。可是一进去，就看到一个中国人往里面跑。我觉得很奇怪，就问服务员，刚才有一个中国人往里面跑，那是谁？他说是我们的老板。我说奇怪了，你们老板为什么看到我们就往里面跑？他说先生，他不是看到你们才往里面跑，他只要看到中国人来，就会往里面跑。我就更奇怪了，就到里面找他。我问他，你不是中国人吗？他说我是，怎么不是？我说，那你这个人很奇怪，为什么看到中国人就往里面跑？他说我不跑不行，我来这里是读书的，没想到读不下去，又不敢回家，什么都不会，就开了个中国餐馆，可是我又不会做菜，就买个食谱，然后买一些现成的东西回来，专门骗老外的，中国人进来不把我骂死才怪，所以我每次就赶快躲起来。我听完他的话，说你躲得有道理。

我们彼此尊重、彼此包容、彼此谅解，大家的情绪就都很稳定。你一上前就骂他，难道就对吗？他有他的道理，有他的苦衷，只是你不了解他而已。一个人到外面读书，读到一半读不下去了，如果是你，你有脸回去吗？没有脸回去。

个别差异从哪里来？我们面对同样一件事情，我们的经验不一样，立场不一样，喜好也不一样。拿看电视来说，外国人很热衷看球赛，一有比赛，晚上不睡觉也要看。我从来没有这种雅兴，我看什么都可以，但是要配合我的时间。有时间，有精神，我就看一下，没有时间，我就不看。为什么一定要说自己是忠实球迷，不是忠实球迷呢？这不是自己找麻烦吗？现在有些人好像你不这样做，你就不是标准的球迷，你不谈论球赛，你就赶不上时髦，这都是很奇怪的想法。

有一年奥运会的时候，我正好在美国。当你去看美国的电视台，你就知道美国人的心胸有多狭窄。那个电视里面都是播美国人获得第一名，然后升美国国旗，连旁边的第二名都要被卡掉。这种你去看它干吗呢？你看电视，好像都是美国在拿金牌，后来一看报纸才知道，美国其实没拿几块金牌，是电视只取那一段播出，其他的国家都没有播，你有什么办法？我们中国人心胸是很宽广的，播冠军的同时也看看亚军，也没有什么了不起。美国人所谓的国际性，其实就是美国自己，就是它自己的利益而已。这样每个人才知道，为什么每个国家都要争取举办奥运会，要当主办国。就是因为自己的选手都比较占便宜，不会有换个环境水土不服的问题出现，观众多数都是自己同胞，加油的自然比较多，打起来信心也比较大，对不对？

个别差异存在的原因

面对同一件事情，我们的看法为什么不一样？我们的感受为什么不一样？因为我们的文化不同，我们所受的家教不同，我们的性别不同，我们的特质也不同。

美国人的看法跟中国人不同，为什么？因为美国人的小孩一到18岁就要离开家，不然就会觉得很丢脸。美国人抚养小孩都是到18岁，18岁以后读大学就开始自己去贷款，将来毕业以后再去还政府的钱。不像我们中国，小孩子读书，都是向父母要钱。所以在我们中国做父母比较辛苦。我常常讲，中国的家庭是无限责任公司，美国的家庭是有限责任公司。美国人宁可把他的财产捐给社会，也不会给他小孩；我们再怎么样捐，也要留一点给自己的小孩。这两种是完全不同的看法，那你说谁对谁错？我的答案是各有利弊。

文化不同，就使得人的很多感觉不一样。比如你到夏威夷去，会看到很多外国人，一大早就跑到沙滩上，挖一个沙坑，然后把自己埋在里面，一直晒着太阳，晒一整天也不会头昏。中国人晒一小时整个人都要晕倒了。所以你看中国人到夏威夷去，都是躲在椰子树底下，要么躲在遮阳伞底下。外国人看了就笑，拿遮阳伞干什么？他们从来不拿遮阳伞。中国人躲在椰子树底下，一个椰子掉下来，正好打到他的头。外国人就说，你去告夏威夷政府，这是他们的责任，最后可以得到几百块美金的补偿。中国人就更有兴趣了，不但一定要躲在椰子树下，还要将椰子树摇一摇，看看有没有椰子掉下来。最后搞得夏威夷政府把椰子树都砍光了，因为它赔不起嘛。那你说，谁对谁错呢？其实没有人错，也没有人对，只是各人的想法不一样，各人长期累积的经验不同，所以才造成这样的局面。

家教不同，我们每一家都有独特的家风，就造成我们的看法和别人家不一样。性别不同，男女是平等的，但是男女的性质是不一样的，同权不同职。每一个人的体质不一样，嗜好也不一样，成长背景也不一样。这就造成了我们每一个人都有自己的独特性。我们人与人之间的差异性。我们要尊重这种差异性，不要总是想分出好坏与对错。

每个人都有自己的缺点

我建议各位，首先要明确一点，就是每一个人都有一些错误的观念，包括我自己在内，这是最好的修养。我们常常先入为主，我们常常自以为是，我们常常以偏概全，我们常常很自我而否定别人。这些缺点我们每个人多多少少都有一点，最后那个后果是我们自己要去承受的。老实讲，一个人做错事情，自己就先会不安，人家骂你不骂你其实没有什么关系。你从这个角度去体会，到底要不要骂人。其实骂人是没有什么效果的，你骂他，反而使他理直气壮，觉得你骂他是你不对。你不骂他，他反而自己很不好意思，会想办法去补救。如果我们有这样一个调整的话，我们的情绪很快就会改变过来。

不良的情绪反应是每个人都会有的，但是程度不一样、方式也不一样。只有靠自己去调整，因为只有你才最了解自己，最清楚你的问题在哪里。

譬如说，有的人一旦被别人戳到痛处，他的反应就非常激烈，非要跟人家争辩到底不可，但是有的人不会，他听到别人说他的错误，会很仔细听，然后很认真地去改，他们是不同的。我见过一个人，别人在台上指名道姓地骂他，他在下面听，好像在听别人的事情一样。我真的对他很佩服，就问他，他在说你，你知道吗？他说当然知道了。我说，你都没有反应的吗？他说，我有什么反应？因为从来没有人像他这样骂我，而且他是每到一个地方都这样骂的，我已经习惯了，大家也知道他是乱骂的，我气什么？所以这个人的修养多好，他就是知道大家自有公断，所以气不气没有什么关系。

记住，我们不全好也不全坏。我们一直希望自己全好，是不可能的，我们一直希望别人全坏，那也不是事实。我的行为只代表我的一部分，并不能代表全部的我。有的人只是嘴巴坏而已，心很好。我看过太多这样的人。可以这么说，心地越好的人，经常嘴巴越坏，因为他没有坏心眼，想怎么讲就怎么讲；有坏心眼的人，反而嘴巴很甜。

别人有缺点，我也有缺点，那就扯平了，干吗抱怨自己呢？自己责怪自己，把自己贬得很低，都是没必要的。每个人，只要把自己好的部分增强起来，把自己不满意的地方慢慢修正，让缺点消减一点，就好了。我很少用“消灭”这个词语，通常都是用“消减”一词。因为世界上很多东西是不可能消灭的，减减就好了，它还是存在的，存在就存在，有什么了不起？

每个人都受到环境的影响

我们不接受环境决定论，但是要承认环境对我们有很大的影响，这才是中国人。如果说环境没有用，那是骗人；如果说环境可以决定一切，我们也会觉得很奇怪。环境对于我们有相当的影响，这是谁都不能否认的，但是我们不能接受环境的控制。我们是这个社会的一分子，我们生存在这个社会里，当然要按照这个社会的规则行事。一个人不可能人生活在中国，却一直幻想自己生活在国外，什么都要用外国的标准来衡量，那是不切实际的，也是在自找麻烦。

我到过各种地方，看过各式各样的人开车，我经常听到相同的话，又堵车了。我心里就觉得很可笑，为什么？全世界的都市没有一个不堵车的，堵车是平常事。比如你到华盛顿，过一座桥要40分钟。你在台北，眼睛都能看到前方的建筑物，可是开车半小时都到不了，你下来走路反而到得快一些。全世界只要是都市，没有人不闯红灯。很多人的观念就是说外国人多好，你去纽约看看，纽约没有人闯红灯吗？我不是在鼓励闯红灯这种事，而是说大家不要有片面的观念。

一个人的存在是依赖这个社会的，没有这个社会，这个人还存在吗？人一定要群居，因为你不可能包办所有事情，那很辛苦。我们是独立的个体，但又是社会的一部分，所以你不能反叛性太强。**当所有人都靠右走的时候，你要勉强自己靠右走。**当红灯的时候，你要勉强自己忍耐，你不要去讲理由，这样就对了。

我们要接受社会的约束，我们要接受文化的规范，不能太叛逆。太叛逆的人一定是吃亏的，当你要叛逆，你回家关起门来，怎么叛逆都可以，但是你到社会，就要接受社会的约束，因为你是社会的一部分。

我请问各位，是有国才有家，还是有家才有国？中国人是有国才有家的，没有国哪有家？但是西方人是有家才有国，没有家哪有国？这句话也不能说不对，西方人在家里面是个人为主，所以叫作个人主义。我一直很公开地讲，在中国社会，自我意识、个人意识太强的人，都是没有什么前途的，但是这并不代表我们没有自我。我希望各位慢慢去听，**中国人说话做事都是扯来扯去，最后扯到一个合理的点上。**我们每个人都是独一无二的，一个独立的个体怎么会没有自我呢？正是因为每个人都有自我，所以我们彼此都要约束自己，不要太过于自我，这样就对了。

除了要顾自己，还要想想别人。所以我讲一句话，大家作参考：前半夜想自己，后半夜想想别人。但是很多人跟我讲，后半夜我都睡着了，怎么想别人？我们开始想别人就睡着了，说明你不关心。你前半夜想自己，没有人会怪你，因为人不自私其实也活不了，那种冠冕堂皇的话不要讲。**做任何事情，大家一定要记住，除了我以外还有别人的存在，而且不要局限到“我和你”，西方人是“我和你”，我们中国人还有一个“他”**。这个“他”很重要，有时候比“我和你”更重要。因为我们两个人的对与错、成与不成，经常是他在决定的，不是我们两个人决定的。

两个人在这里争辩不休，他说他对，你说你对，有没有用？没有用的。大家看他错，就是他错了，大家看你错，就是你错了。所以我才提醒大家，要尊重第三者的存在，要尊重他人共同的裁判结果，而不是只看到你和我之间的事情。否则我再对，大家说我错，我也没办法，你再错，大家说你对，那我也无可奈何。大家的裁判才是真的，我们两个是有成见的，谁都说自己对，谁都不愿意承认自己错。

你一定要把这些都搞清楚，你就会知道，世界上的事情其实是团团转的，不是直线的。很可惜，我们现在受西方的影响，害得我们的思维也都是直线的，对就对到底，错就错到底，很糟糕。你要明白，对会变错，错会变对，它是扯来扯去，转来转去的。中国人的脑筋就是这样转来转去的，这是阴阳文化所造成的，我们的思维方法跟西方人不一样，我们的逻辑跟西方人也是不一样的。

第十六章

怨天尤人并无实际作用

“要”跟“不要”是一样的，没有不同。

我们最要紧的是培养合理的思考能力，不要让自己一直生活在外界的影响跟童年阴影的作用下。

可以变的是措施，不能变的是基本原则。

反求诸己比怨天尤人要有效，而且要方便。

找人出气不如自求合理，怨天尤人也不如自求合理。

求人不如求己，盲目学别人就会埋没了自己。

怨天尤人是我们最常有的一种反应。比如我们遇到一些事情，都喜欢说，老天啊，你实在是不公平！为什么我们习惯抱怨老天？答案很简单，因为你抱怨老天，老天没有什么反应，他也不会惩罚你，所以你就很放心地向他发牢骚。我常常觉得中国人是很聪明的，我们把老天作为抱怨的对象就非常高明。因为天不会说话，你骂它，它也没有反应，它爱怎么样就怎么样，它根本不理你。我们把一切罪过都推给天，不会得罪人。

如果你对天不信任，你就开始尤人，就是把过错推给别人。推给谁呢？我问你，你敢推给你的老板吗？你敢推给比你强大的人吗？肯定不敢的。所以我们就开始欺负弱小，有的人还以打小孩作为出气的方式。你敢打路人吗？你去打一个人试试，他不揍你才怪。你经常打小孩，但是他会长大的，有一天他来报复你，你不糟糕了吗？欺负弱小，是人类最不好的一种现象，你如果有这样的观念，就会明白这是对自己很不利的选择。

怨天尤人来自童年的影响

你慢慢来反思自己，就会体会到，你自己会这样做，其实是因为你小时候受到过这样的刺激。**人类情绪不稳定，跟他的童年生活有很密切的关系。**你看有的小孩喜欢吃手指，就是因为他从小一吃手指就挨骂，结果成年以后，一遇到紧张情况，还是会控制不住吃手指。有的小孩子喜欢撕纸，就是因为大人总是叫他不要撕纸，总是压抑他，他就更加有兴趣了。

我早晨起来写东西，我的小孙女就跑过来，坐在我旁边。然后她看到我在纸上写字，她就要纸笔，我就给她，她就学着我的样子画。我都不去管她的，因为她长大以后自然会爱惜纸，会拿笔来写字，我就不必再教她了。如果我一早起来就坐在那里喝酒，那她学我的样子，就全都完了。言教不如身教，我们用太多的言教，却没有以身作则。

现在很多父母对子女的要求通常都过高，望子成龙、望女成凤，那都是不需要的东西。你可以这样希望，但是你不可以这样要求孩子，不同之处就在这里。你希望他成才没有错，希望能实现最好，实现不了也无所谓，但是这样要求就不对了，人可以期望高一点，但不能要求太高，这是两码事。现在有些父母认为，既然有这个希望，我就这样要求你，这是不对的。

父母总是抱怨现在的小孩不好教，总是不听话。其实小孩子会盲目地抗拒你，就是因为你一直对他东要求、西要求，他不抗拒怎么活得了？你看，有的父母，孩子明明还很小，就一天到晚花很多钱、很多时间，要他学这个、学那个，小孩便开始偷懒了，开始保护自己了，要不然他活不了的。会教小孩的人都知道，小孩学东西过一段时间就要休息一下，这样就对了。好的幼儿园是不教任何东西的，因为这个年龄段是摸索阶段，你应该准备各式各样的东西，让小孩子自由选择，你才知道这个孩子的兴趣在哪里，然后给他适当的辅导。幼儿园期间完全不能勉强孩子，有一些知识类的内容是不能教的。但是我去访问幼儿园的老师的时候，发现幼儿园老师都在教，我问他什么原因。他说，没有办法，我们碰到这样的家长真的没有办法，因为家长一进来就问，你们教什么？教得多我才送来，不教我就不送来。这样的家长有很多，幼儿园教东西才放心，一旦不教就要转校。其实这些家长不知道，他这是在害自己的小孩。

“要”跟“不要”是一样的，没有不同。你一直强调“不要”，反而让孩子印象很深刻，他不自觉就会将其变成“要”。所以千万不要跟小孩讲，不可以这样，不可以那样，也不要跟他讲，要这样，要那样，两种都会给小孩子造成很深的印象，最后影响他的人生。

孩子的童年会有很多很可怕的情绪遗产，所以我们讲生孩子容易养孩子难。优生学是从选择配偶开始的，不是有了小孩才讲的。比如在选择配偶的时候，你就要想，娶这样的人或者嫁这样的人，将来生的小孩怎么样？等你开始怀宝宝的时候，就有胎教了。中国人很重视胎教，当一个人怀孕以后，我们就开始讲，你不要提太重的东西，你要增加营养，要保持好的心情，不要想不好的事情。因为你过分劳累会影响到胎儿，你的营养会影响到他，你的心情也会影响到他。胎儿在母亲的子宫里面，靠一条脐带和妈妈连在一起。妈妈的一切，都会传导给胎儿，怎么可以不重视胎教呢？等到小孩生出来，多半也是和妈妈待在一起。这时候妈妈的教育，就对这个小孩产生了各种不同的影响。

我们从小就学到恐惧，就被否定，因为妈妈说这个不行，那个不行。你受到了很多的压抑，然后就依赖父母，因为只有依赖父母，听他们的话，你就不会挨打了，这都是不正常的现象。**我们慢慢会逃避现实，去幻想很美好的世界，好处是我们有创造力，坏处就是不切实际**。你有没有看到，很多人最大的毛病就是在抱怨。他在这里，就开始抱怨这里，你把他调到另外一个地方，他又开始抱怨那个地方。这种人到哪里都是100个不满意，看到谁都是100个愤怒，他的情绪怎么会好？

我们慢慢又学到用语言来保护自己，就开始给自己找很多理由。中国人都是理由专家，比如一个人把杯子打破了，打破就打破了，你问他，为什么打破？他回答，杯子有油太滑了，不然我才不会打破。我们一定会找理由来搪塞、来骗自己。

小孩为什么会找理由？多半是妈妈造成的。小孩子一旦打破东西，妈妈就喊，该死又打破了！小孩觉得，我打破玻璃杯为什么会该死？昨天妈妈也打破一个，为什么不该死？他不敢问，于是他就开始压抑自己，所以就造成一个观念：有一天我长大就知道了。这是一个很可怕的观念，所以小孩一长大就叛逆，一长大就不听话，就是小时候太听话的原因。

孩子从小利用理由编造一大堆的谎言，都是父母后天教育不对所造成的。比如小孩子打破玻璃杯，妈妈告诉他，打破就打破了，妈妈也打破过，我们注意不要被玻璃划伤，把它清理掉就好了。你这样反应，小孩就很正常。你一开始就大惊小怪，好像小孩做了天大的坏事一样，他就开始有很多情绪，长大以后看到什么事情都找理由，一辈子都跟着倒霉了。

不良情绪习惯常常挥之不去

我们从小积累的这些不正常的习惯，经常挥之不去。所以我们不是抱怨老天，就是抱怨别人。我讲得很明确，中国人一旦检讨就是把责任推给别人，他不会自己承担。实际上没有效果，但是我们经常在用，那怎么办？我提出很具体的方法，比如我当领导，开检讨会的时候，我很少说这个错那个错，因为没有用，只会让大家很不舒服而已。我一定会说，这件事情各位都没有错，是我的错，我当初没有顾虑的很周到，在过程当中我发现了以后，没有及时提出办法来。我先承认我错，然后看大家怎么反应。如果大家说，是你的错，我更应该检讨了。为什么大家都说是我的错？要么我领导有问题，要么是我平常真的是太不关心他们了，引起他们对我一致不满，要么真的是我错。但是情况多半不是这样的，我把错揽在我身上的时候，大家就比较勇敢地出来承担，说这个跟你没关系，这是我的错，那个人也说，这个也不是，是我的错，所有错都出来了。然后我说，既然我们每个人都分担一部分，其实也没有关系的，我们把这次错误切切实实记住，以后不再犯就好了。这样就没有事了。

中国人有他有效的途径，但不是西方那一套。西方人是你必须先承认是你的错，你一这样说，谁敢承认？一承认就完蛋了。是你逼着大家不敢承认，而不是中国人死不认错。我们常常在做没有效果的事情，就是因为你自己不会调整。你自己的情绪摆不平，没有一个人会相信你。

我们最要紧的是培养合理的思考能力，不要让自己一直生活在外界的影响跟童年阴影的作用下。偏偏大部分人是这样的，人是习惯的动物，没有错，但是习惯是要改变的，而改变习惯是从改变观念开始的。观念一改变，习惯就跟着改变，习惯一改变，情绪就跟着改变，然后所有的效果就不一样。

我们要培养一些更健全、更合乎现实的观念，来取代我们以前的观念。像我们已经讲过的，家和万事兴。但是今天所谓的和，跟以前所谓的和不太一样，以前每一家人可以比较少跟外面人接触，现在所有人都要跟外面充分接触。

我也顺便解释一下，以前中国人所谓的家庭，跟我们现在所认为的家庭是不一样的。你想想看，一个家庭如果有孝子就可以变忠臣，哪有那么简单？齐好家就可以治国，哪有这么简单？难道我们古人的思维都有问题？可见古人所讲的家，不是我们现在所认识的这个小家庭，古人所讲的家，是指那个大家族。一个人能够当族长，这个宗族你治理得很好，你就有能力治国，而不是说我们小家庭里，几个人处得很好，就可以治国，没有那种事情。齐家不是齐这个小小的家，而是齐这个大家族，这样就对了。

所以我们对《论语》的解释，其实有太多错误的认识。我常常觉得孔子很冤枉，他希望我们随着时间调整自己的观念，不要总记住以前那些陈旧的东西，但是基本的原则不能变。**所以有所变有所不变就是这个道理，可以变的是措施，不能变的是基本原则，**否则变到连原则都没有，这个人就太可怕了。

怨天尤人不如反求诸己

反求诸己比怨天尤人要有效，而且要方便。曾子最了不起的地方就是经常反省自己，否则曾子有什么了不起的？他也没有做什么大官，也没有什么钱，但是他了不起，每日反省自己、检讨自己。反省不是要后悔，没有什么好后悔的，凡是发生过的事情都是好事情。我这不是说着玩的，有些它是好事情，它就会变成好事情；有些它是坏事情，它一定会变成坏事情，因为是你的心在决定一切。这件事你看它是好事情，就从好处去想，你就得到一些教训，就可以调整变成好的；你把它看作坏事情，就一直坏下去了，因为你一直是朝坏的方向去想。比如人家借你10万元去做生意，结果他企业倒闭了，钱还不了，你怎么办？你骂他没有用，你告他没有用，你打他也没有用。你就告诉自己，这是一个教训，幸好是10万元，如果是100万，那我今天完蛋了，幸好我当年没有贷款借给他，否则我自己就吃不了兜着走了，我接受教训，以后就要改变，你反而没有事。

找人出气不如自求合理，怨天尤人也不如自求合理。所以你看我们已经慢慢有些结论，就是说一个人情绪管理要良好，就是常常去检讨自己、常常去调整自己、常常去改变自己。我们的目的只有两个字，就是“合理”。合理就好了，一过分就不对了。但是我们经常过分，要么就不及。所以我们归纳成一个字，这个字大家非常熟悉，就叫“度”。一切都是“度”的问题，不是会不会，有没有，好不好，那个“度”合理你就可以了。

“度”的拿捏实在很困难。你对人太客气是虚伪，你对人不客气是骄傲；你对人太好是讨好，你对人不好是有成见；你做得太快，人家就怀疑你得到了好处，你做得太慢，人家就怀疑你心不甘情不愿。本来就是这样的，没有什么不对。你处处要表现，别人觉得你这个人心很虚，生怕人家不知道你的存在；你什么都不表现，人家就觉得你太怕死，你连这个都不敢做，你活着干吗？什么话都对，但是什么话都不全对。

我们很容易找人来顶罪，这叫白手套。比如我们今天要贷款，找别人去贷，我们做坏事怕被抓，就找别人去顶罪。自古以来的人都会，不是现在人才会，把责任推给别人，这谁不会？可是我们要回想一下，这样的效果到底是好还是不好？答案是都没有好结果，为什么常常这样做？我们改变一下很容易。

求人不如求己，盲目学别人就会埋没了自己，这是我必须要请大家特别注意的。骂人、打人，最后的后遗症你自己都要去承受。我希望各位了解，**天底下最可靠的人就是自己，别人是靠不住的**。即使是父母，他们最爱自己的孩子，可是等到父母年纪大了，无能为力了，还是没办法的。所以人最可靠的就是自己，自己反思，自己改变，自己掌握好那个合理的“度”，才是最重要的。

第十七章

改变别人不如改变自己

人是习惯的动物，我们生活在一连串的习惯当中。

改变别人最有效的办法，就是改变自己。

21世纪，人类有一个新的东西出来，就是所有人都要有意识地来改变这个世界。

我们一定要稳定情绪，一定要用很正确的观念面对未来。

每一个人都要发展一个很新的观念，叫作参考力。

《易经》里面只有咸卦，没有感卦。

人是习惯的动物，我们生活在一连串的习惯当中。而习惯是逐渐养成的，要改变不是一件很容易的事情，但是如果不改变的话，那就是一句比较难听的话，叫作不长进。我们要长进，唯一的办法就是要改变我们的习惯。

用好习惯取代不良习惯

改变习惯最好的办法是什么？是用另外一个习惯来取代当前这个习惯，这是最容易的。比如说抽烟的人，他一时戒烟肯定很难，所以有一个想戒烟的人就想办法买了一根假的烟斗，然后把它放在嘴巴上，慢慢取代那个真实的香烟。我没有说这种方法是好是坏，我只是说有人这样做。那么戒烟最好的办法是什么？是买一包你最喜欢抽的香烟，然后放在一个地方，虽然你闻得到、看得到、拿得到，但是你就是不抽，这种人最了不起。对不对？有的人是对在他面前抽烟的人说，我要戒烟了，你们不能在我面前抽，你一抽我也要抽，不能让我看到，这种人是永远戒不掉的。你有没有面对自己问题的勇气，有没有这种坚毅不拔的决心，就看你自己。

从小我爸爸就叫我点烟给他抽，因为他总是忙着做别的事情。爸爸叫我给他点烟，点烟哪里有不抽的？所以我从小就会抽烟，而且是名正言顺地抽，但是我长大以后是不抽烟的。我觉得抽烟第一个不好之处是花的钱太多，也许你抽烟的钱就足够你买很多有用的东西了；第二，长期抽烟，牙齿一定是黑黑的，很麻烦；第三个，越来越多的地方是禁烟的，就会搞得你很痛苦，所以我就不抽了。任何习惯，你不要用对抗的心情对它，不要用厌恶的心情对它，你要用更好的方法来取代它，这样会比较容易。

我们现在要了解，当我们情绪不好的时候，我们的习惯是什么？就是找一个出气的对象。我们很会找出气的对象，不是找人就是找事情，或是找东西。但是我们要告诉自己，这个是没有用的、没有效果的。一句话讲完了，要找对象很容易，但是要改变对象几乎是不可能的。他只是让你骂骂而已，你把希望寄托在别人身上，这是不切实际的，因为没有人愿意受你的控制。这句话很严重，没有人愿意被人控制，除非是奴才。为什么你身边慢慢养了一批奴才，就是这个道理。你不愿意被奴才害死，又知道奴才迟早会害死你，那你就要改变自己的习惯。

改变自己最为方便有效

要求一个人完全不找借口、完全不想办法安慰自己、一下就跳出来承担所有的责任，其实是不切实际的，也是过分的。把责任推给别人我没有反对，我只是希望你加强一点，就是说当你推给别人的时候，你心里要明白，还是要调整自己，这样就好了。你要改变别人是很困难的，你改变自己反而比较容易。

比如一个人到庙里去，看到观世音菩萨在念经。这个人就去问观世音菩萨，说你在念谁的经？观世音菩萨说，我在念我自己的经。这个人觉得奇怪，问她，你自己的经也要念吗？菩萨说，念别人的经有什么用？当然是念自己的经。每一个人只能控制自己，因为你很难去掌握别人。一句话，就是我们常讲的，求人不如求己。当你去读别人的书读了半天，有没有完全控制他？你读自己的经，读来读去就灵了。求人不如求己，我再加上一句话，求神不如求人。比如神站在那里，他想帮你忙也没办法，因为他没有身体。

所以我在这里要讲一句话，大家不要听来听去，觉得精神很重要，心灵很重要，好像物质就不重要，那你全错了。这都是经过科学的验证，物质是最高度密集的精神。所以不要小看物质，一切的一切最后都要透过物质来运作。

当精神的能量积到最密集的时候，才可能变成物质，所以不要片面地认为我们在讲这个，就是否定那个，没有这个意思。物质是把精神的功能发挥出来，光是精神有什么用？除非有密切的利害关系，别人才会听你的。而且他听你的，多半也是心不甘情不愿的。我们反过头来，调转方向，转移目标，很快就可以有更好的功效。

既然这样，我是不是就不信神？我没有不信神，人家拜我也跟着拜。其实我到庙里面，我是不太烧香的，因为这种做法会对空气造成污染。如果说烧香神就会答应，就变成神接受人的贿赂。可是我会拜神，我只讲一句话：谢谢保佑，其他的我从来不讲。至于是什么事情要神保佑，如果还要我讲，那神就不神了。神之所以神，就是我不用讲它也知道。谢谢保佑，就没有事了。

为什么这样？第一，你不知道这个世界上是真有神还是假有神；第二，你不知道神愿不愿意保佑你，你讲那么半天干什么？可是它如果存在，你不理它，就会得罪它。我又不得罪它，就拜一下，说谢谢保佑，就没事了。所以很多事情，你自己慢慢去调整你的观念，你就很合理了。

那到底有没有神？我今天跟大家讲，你心中有神就有神，你心中没有神就没有神。这是非常简单的道理，一切都是人造出来的。你看以前哪里有茶杯？根本没有，是我们把它制造出来，然后叫它茶杯，它就是茶杯了。以前哪里有电脑？是人把它制造出来，说这个就叫电脑，它就叫电脑了。以前哪里有神？是人创造出来的，说这是神，它就是神了。这才是中国人的看法。

我们是人本位，不是神本位。西方的神可以创造人，中国的神都是人创造的。当大家什么时候把这个搞清楚就知道了。你看我们的神都是人变的，被封神的关公是人变的，被封神的岳飞是人变的，玉皇大帝也是人变的。我们都是以人为主的，什么时候轮到神了？人认为他是神，他就是神，人认为他不神，他就不神。所以这句话要靠各位自己去摸索、去想、去体悟：哪一天你认为是这样的，他就产生力量了，你认为不是这样的，他就没有力量了，完全是你在决定的。

最近经常听到这样的事，有的人沉迷于玩电脑，最后猝死了。死在电脑上的人太多了，因为你长期不运动，血液循环不了，过度疲劳，你自己又不知道，突然一动，就没救了。迷电脑迷到这种地步，怪谁？怪发明电脑的人吗？怪制造电脑的人吗？其实都是自作自受。

改变自己的人，是比较自动、比较主动的，一方面自动，一方面主动。**我希望各位了解一句话，我们怎么想，就会产生什么样的感受。**比如同样的天气，有人觉得很好，有人觉得不好。它是客观存在的，而你是主观感受的。

中国人的眼睛是往上看的。比如老板如果喜欢打乒乓球，他的下属可能回家就会拼命练习乒乓球。老板如果喜欢打篮球，他的下属自然会组织一个篮球队。不用老板说，下属会揣摩老板的心思，会投老板所好，会表现得他本来就是这个样子。老板喜欢打篮球，下属就一定要组织一个篮球队，每次要出去比赛的时候，还要派先头部队过去，拜托对方不要赢我们太多。

但是很多老板是不知道的，很多老板都说不可能的，哪有这种事情。所以当老板的，你的喜好尽量不要让你的下属知道，否则会影响团体的情绪跟运作，为什么？因为你喜欢篮球，干部里面篮球打得好的，都会获得升迁。不会打的也要拼命练啊练，不然他就没有前途了。老板有什么嗜好，是自己的事情，不要跟下属扯在一起。可是我们偏偏很喜欢这样子。比如老板喜欢喝酒，下属就惨了，每一个人再怎么练，也要把酒量练出来，不然无法和老板谋和，就得不到他的信任。那这个企业，整个文化就倾斜了，就歪曲了，就偏了。

改变别人的最好办法是改变自己

改变别人最有效的办法，就是改变自己。我们常讲的，叫以身作则。爸爸想要改变小孩最有效的办法，就是爸爸自己改变。可能有人会问我，如果爸爸改变不了怎么办？我们除了以身作则以外，还有一句话，叫作以身为戒，这个很少有人讲。如果爸爸抽烟，没有办法戒掉，你就要告诉儿子，其实我也不是很喜欢抽烟，但是我就是戒不掉，这是我的毛病，你要不要学，你自己看着办。爸爸自己来当一面镜子，给孩子制造警戒，也会收到效果。

不一定要说，父母为了给孩子做榜样，就一定要这样或是那样，那你太苦自己了。做人做到那么辛苦干什么？坦白跟儿子讲，我什么都戒得掉，只有抽烟戒不掉，你要不要抽你自己决定，儿子反而不抽了。你如果一直骂他，叫他不要抽烟，他心里好笑，你抽到现在还在抽，我为什么不能抽？完全以身作则，我们做不到，我们不是圣人。以身为戒，说我有这个毛病，你要不要犯，你自己看着办。我改不了我很痛苦，你将来要不要像我一样痛苦，你看着办。这才是好的教育方法。

我们自己的情绪一定会影响周围的人。所以做妈妈的如果情绪很平稳，这一家人一定相处得很快乐。但是我们会发现，很多的父母本身情绪激动得非常厉害，小孩跟他在一起，就没有安全感。因为他不知道什么时候要挨打，什么时候要被叫去挨骂，他情绪怎么会安定？不可能的。所以我很坦白讲，不要家里有什么事情就讲，有什么事情就骂。我们规定一个时间，每天晚上七点半到八点，花半个小时的时间，让全家人聚在一起，看看谁有什么错误检讨一下。除了这段时间，所有时间都不要谈这些问题，这样就比较好。

你完全不讲不对，看到就讲，所有人也是怕得要命。当领导也是一样，如果你是一个成熟的领导，你看到一个员工犯错，你就知道这时候不要讲他，等下了班把他叫来，问问他，你觉得今天怎么样？他会说我那件事情很抱歉，你说其实也没有关系，你知道就好了。不讲等于讲，不讲比讲的效果还好。

我们所讲的不是做不到，都是可以做到的，你只要记住几句话。第一句，你的情绪会影响到别人。第二句，你要让别人平稳，就要让自己先平稳。第三句，一旦发生什么错误，你先改变自己，别人很快就会跟着改变，就这么简单一个过程。

21世纪，人类会有一个新的东西出来，就是所有人都要有意识地来改变这个世界，否则地球会毁灭，人类会消失。比如按照我们目前的状况，南北极的冰不断融化，海水不断高涨，再加上排放二氧化碳，我们地球的温度越来越高，陆地就会被淹没。有些国家现在已经很恐慌了，搞不好哪一天自己国家的某个城市就不见了。荷兰也紧张得要命，因为它的国土本来就低于海平面，于是赶快把房体加高。你如果问我，这种事什么时候发生？答案是非常中国式的，如果快的话，可能几天以后就这样了，如果慢的话，可能几十年几百年也不一定。说了跟没有说是一样的，本来世界上的事情就是说了跟没有说一样。人类如果这样一直下去，地球毁灭会很快的，如果大家都很小心，那就很慢。

一切都是人在控制。比如你开那么多汽车干什么？你开那么多冷气干什么？每家都有冷气，所有人都把热气排出去了，外面一定是热的，热气不会消失，就是把你的痛苦转移给别人而已。而且人长期享受冷气，适应温度的弹性就更小，稍微一热就会死人。以前哪里有热死人？现在每年全世界热死的人很多。就是人没有弹性了，长期享受习惯了。

我们一定要稳定情绪，一定要用很正确的观念面对未来。譬如说要发展公共交通，不是每个人都拼命开车。如果人没有这样的觉悟，我们是很惨的。所以地铁一定要有，公共的交通一定要方便，观念要有一个改变。什么叫作交通？就是没有办法把你直接送到家的，才叫交通。我们现在有些人的观念都是错的，认为交通就是要直接送到家才行。哪有这种事情？马路越大越堵车，所有人一看到马路很宽，然后统统挤到这里来，就一定堵死了。马路弄得那么宽干什么？如果马路很窄的，你敢买大汽车吗？买小一点的汽车不就没事了？

但是我们都不这样想，我们人类自己造成交通堵塞，然后拼命骂；家家有冷气，家家都热得受不了；吃自助餐怕浪费，每个人都撑得不得了，对健康也不好，大家偏说那个好。很奇怪，人类的判断能力是非常糟糕的。

每一个人都要发展一个很新的观念，叫作参考力。什么叫参考力？就是人家很自然地会学你，而不是你强制他要跟你一样。**一个人最有价值的，就是你有参考力**。你不要有权力，有权力干什么？老实讲，你今天勉强他，限制他，他心不甘情不愿，一放松，他可能做出更坏的事情。我们每一个人都不要存心去影响别人，绝对不可以的，但是你要以身作则，或者以身为戒，你把自己管好，人家很愿意跟你在一起，人家很自愿地模仿你，照你的话去做，那你官阶再低也没有关系，职位再小也没有关系。这才是人的价值。

一个人，不管你社会地位多高，学问多大，职位多高，钱财多少，那都不是问题，问题是你在任何一个地方，能不能把自己约束好，能不能了解当时的状况，并且作出合理的反应。如果可以，我相信周遭的人都会很自然地向你看齐，如此你就不得了了。

《易经》里面只有咸卦，没有感卦。就是告诉我们，有心的感没有用，要感动别人，那个心要去掉。咸和感最大的不同，就是一个有心，一个没有心。存心要去感动别人，那都是虚假的。一个人做事情，就是要我做了就不求回报，做了好像没做一样，认为这是我应该做的而已，才会有好报。

第十八章

理性情绪并非不动感情

人一定有感情，一定有喜怒哀乐，抒发到恰到好处的时候，你就能心安理得，过分一定是不好的。

人第一要保护自己，第二要有安全感，我想这没有人会例外。

自律才能够用最短的时间，用最少的力气，最有效地治理你的情绪。

我非怎么样不可，这就是非理性的一种态度，我们要尽量把它减少。

我们要记住一句话，千金难买回头一望。

我们很多事情是在想象当中，不切实际。

我们最好承认一件事情，就是我们跟西方人比，西方人是比较理性的，我们相对地比较不理性。西方人基本上没有什么感情，虽然他跟你打招呼，但是他并不关心你。虽然他很有礼貌，但是他心中没有你的存在，他只是礼貌而已，只是形式而已。

我们跟日本人比，日本人相当感性，我们也不感性。日本人感性到会盲目的服从，这是很可怕的。我们会听从到合理的地步，我们不会盲目的听从。所以我们有我们的长处，我没有说我们比人家强，而是说我们有不同的一种特性。很多人老在打转，说中国人到底是理性还是感性？其实都不是，中国人是世界上非常特殊的，叫作“情性”。

中国人的特点是“情性”

为什么叫情性呢？因为我们非常重感情，我们会用感情来表达自己对别人的关心。我现在问你，你是希望人家对你有礼貌，还是希望人家关心你？西方人虽然很重视有礼貌，但他一点不关心你，我们中国人是要关心不一定要礼貌的。比如当你看到一个人进门，你总是跟他讲，今天好吗，近来好吗，请坐请坐，有什么用？一个人从外面进来，全身淋得湿漉漉的，都是雨水，你还问他好吗，他一定很生气，你说请坐请坐，他心里想，我坐得下吗？中国人看到一个人进来，先看他的状况，这就叫关心。一看他淋得全身都湿了，赶紧拿干毛巾给他擦擦，然后拿干衣服给他换一下。这时候不需要打招呼，我们是非常实际的民族。

如果你总是问别人，你口渴吗，要喝水吗？废话，你端一杯来，他要喝就喝，他不喝自然就不喝，你总问他干什么？所以我们的习惯是人来了，先看看他的状况，看看有什么需要，我们会主动给他。我们不懂就问的，看起来很没有礼貌，可是实际产生了一些作用，对他有一些好处，有一些照顾，让他心里头感觉很温暖，这才是我们的做法。可是我们现在学国外，学到最后人没有感情，就好像中国的一句老话，人而无情，何以为人？连做人的资格都没有。

人而无情，基本上就不足以为人，所以我们不管怎么谈理性，我们的感情一定要保留。所以一个人他欢喜、他快乐、他悲哀、他烦燥，这都是很自然的事情，我们没有必要跟着他不动。很多人嫉妒别人快乐，嫉妒别人成功，嫉妒别人有什么长处。嫉妒心会让人产生很多不良的后遗症，各位千万要小心。要知道他有他的长处，我有我的长处，他有他快乐的时候，我有我快乐的时候，不就好了？为什么只能你快乐别人不能快乐？为什么别人快乐你就不高兴呢？其实没有这个必要。

重感情也要重视合理

我们很容易感情用事，那是不正常的，我们要克制，克制什么？克制让它合理。所以什么叫中庸？就是发出来的情绪，发出来的感情都很合理，这样叫作中庸。**人一定有感情，一定有喜怒哀乐，抒发到恰到好处的时候，你就能心安理得，过分一定是不好的。**

当你吃饭吃到七八分饱，你就很愉快，身体也很健康；你吃到九分或是十分，就开始撑了，然后开始打嗝，那一定对肠胃不好；有的人喜欢节食，饿久了对身体也不好。现在全世界都在关注人太瘦的问题，因为很多人节食，到最后人太瘦，没有抵抗力，病毒一来你就完了。人不能太胖，否则心脏负荷太重，也不能太瘦，一旦生病你连最起码的抵抗力都没有。你从很多方面来印证，这个中庸的确是对的，中庸就是合理。

过与不及，是经常发生的事情，但是我们要用心就用心在这里，叫作适可而止，差不多就好。所以你看差不多就是适可而止，不能过分，一过分就完了。比如一个学生太认真，认真到最后所有同学都不跟他讲话了。成绩好的人经常很孤单，而且有的人出去都找不到工作。为什么你成绩好却找不到工作？假如你的朋友在公司里面表现很好，领导哪天跟他讲，我们需要人手，你有同学吗，找几个人来帮忙。他回去就开始想，想到你就摇摇头，为什么？因为你成绩那么好，你一来，他就完蛋了。有没有哪个人，笨到专门找强过自己的人，然后把自己干掉？没有。所以你就没有机会，那你成绩那么好干什么？一想这个人差不多，能力不会比我强，学问也马马虎虎，请他来比较安全，就请他来了。你慢慢才会觉得，为什么这么可怕呢？学生时代绝对不懂想这些的，只懂得盲目钻一个单一的目标，那是很可怜的。

我讲这些没有分好坏，只是说这是人之常情。**人第一要保护自己，第二个要有安全感，我想这没有人会例外**。不会有人拿石头去砸自己的脚，不会找人来使自己受害，都是这样的。我们不但要接受，而且要顺应它，因为这是天性。

什么叫天性？就是先天带来的一些人性的基本的表现。人爱抄近路，爱安逸，喜欢避免痛苦，这都是共通的人性，有什么不对？所以中国人，有一条路在这里，他就是不走，他要抄近路。比如草地上写着爱护草皮，他装作没看到，照样走过去，在草地上走出一条路来。他在告诉你，是你不对，不是我不对，如果你在最近的距离开一条路，我就不用踩草地了，你不开路，还怪我干什么？他的理由可以有一大堆，最后你只好弄一条路出来。我问你是不是？是你的规划有问题，有人会为了草皮绕半天吗？平常有时间他还可以，着急的时候，他不会管你那么多，两三脚他就过去了，这才是人性。

自律是控制感情合理的关键

有感情是良好的，但是不要感情用事，你要自律，这就好了。自律是什么？自律就是情绪治理的要务。没有人生下来就会自律，我常常讲小孩是天生的破坏者。很多人说小孩是天使，我不以为然。假如人生下来就是天使，那根本不用教育。人生下来就已经很好了，还用得着父母的教育、学校的教育吗？人是天生的破坏者，像自然就是我们破坏的。

我每次都讲这样，假如你两小时不在家，你家的小孩，会把家里搞得一塌糊涂，这是正常的。你说不，我家的小孩不同，我们两个不在家，两小时回来，他把家里整理得整整齐齐，那你的小孩一定是不太正常的。除非他懂得自律，否则他不会如此。**人一定要努力学习，养成好习惯，这是每个人都要做的**。我们经常讲上进，力争上游，自动就是这个意思。一个人不会管自己，遇到事情就会拖拖拉拉，看到苦就不敢吃，这样永远长不大。多吃苦不是坏事情，有时候吃点苦对人的身体是有帮助的。

自律才能够用最短的时间，用最少的力气，最有效地治理你的情绪。因为自己管自己没有什么压力，别人管你，你才会有压力。所以到底有没有压力，就看你是自己管自己，还是别人管你。你不用别人管你，你就自己管自己，反而没有压力。

记住，应该是应该，必须是必须，应该怎么样不一定如此，必须这样也不一定做得到。应该跟必须，都是属于一种期望，你可以期望高一点没有关系，但是不一定非要求达到目的不可。**把应该跟必须升高到一定的水平的时候，你就会苦恼不断**。认为我应该过好日子，我必须富有，这都是不确定的事情，如果每个人都能如此，天底下还有穷人吗？如果没有穷人，就表示所有人都不富有了。

比如我们思考一个问题，当公司里面每一个人都升官的时候，也就等于没有人升官；当每一个人都有特权的时候，就不见特权了；当每一个人都很有钱的时候，就没有人富有了，因为这都是通过比较得出来的。

我非怎么样不可，这就是非理性的一种态度，我们要尽量把它减少。期望可以有，但是不要强求。比如我们期望小孩长进，这是天经地义的事，但是你要小孩非怎么样不可，如果他做不到就罚他，或者说他这就是不孝，这个就不对了。

我希望各位了解，学习不好，成绩不好，才有可能做孝子，有些人成绩越好，成就越高，对父母越不孝，你相不相信？你看有些老人家很孤单，就是他们的小孩都很有成就，他们就很孤单。你问他，你的小孩怎么不给你服务，他心里觉得好笑，我不替他服务就好了，他官比我大，他钱比我多，这个老人是不是很可怜？还有一个老人家，他的儿子没有什么大成就，他就很享受。因为他的小孩都乖乖地在他身边，还很听他的话。我们已经讲过了，一个很有福气的人，就是他生的小孩又笨又呆又愚蠢。那大家心里想，我赶紧去生一个这样的小孩。可是你不一定能生得出来，如果你生的小孩天生就有智慧，你也是没有办法的。

智慧的小孩是很难教的，教会了他，他是没有办法孝顺你的，这都是事实，这没有什么好坏。但是我们有些人偏偏喜欢钻牛角尖，偏偏喜欢骗自己。当你的儿子成就不如你，他还对你很孝敬，你的儿子哪天比你厉害了，你真的很惨。他遇到朋友，可能连自己的爸爸都不给人介绍，因为怕朋友笑话。

我曾经就亲眼看过一幕，有个人，他的爸爸从乡下来看他，他的朋友刚好也在，问这位老先生是谁？这人说这是我们家的邻居，经常在我们家打长工，今天来拿东西，很快就会回去的。他这样讲，是因为他觉得有这样的爸爸，他很不体面。他也不是不孝，因为他从小接受的教育就是叫他出人头地，不然就很没有面子，所以是你把他逼成这个样子。

我们要记住一句话，千金难买回头一望。你要离开这个位置，你回头看一看，就不会丢东西。往往就是走了就走了，比如到车站才想起来，自己的手表还在桌上，还有更妙的，回到家才想到自己的假牙还在旅馆里。我们现在有太多的东西要照顾，千万记住，千金难买回头一望。要出门了，回头再把门按一按，看有没有锁，这是最重要的，要不然回来整个家都没有了。

我们做一件事情的时候，回头看一看，我这样做会怎么样，你才不会闯祸。现在很多人的想法是管他呢，做了再说！你就完了。因为事情一旦发生了，造成的那个僵局就很难挽救，你就无能为力了。稍微缓一点，并没有什么丢脸的，稍微慢一点，并不耽误时间。

比如有些开车的人，喜欢开得很快，一路钻啊，到处抢路啊，最后到达目的地，只不过比之前快了几分钟而已。你感觉后面那个人开得慢，最后到达目的地，前后也就差几分钟。那你急那几分钟干什么？有时候连命都没有了，开车最怕就是这样。

我有一次去越南的时候，发现越南的马路连一个中心线都没有，牛车也在上面，脚踏车也在上面，快速车也在上面，什么车都在上面一起走，但是人家照开不误。他们那边超车跟我们超车不一样，他们是按喇叭，按到前车躲开点，它就上去了。你到印度会发现，他们每一个车后面都有一句英文叫作Please horn《请按喇叭》。你按喇叭，对方就知道你要超车，对方就闪开了，让你过去，如果对方不闪，你就知道对方的意思是不让你超。

每一个地方生活标准不一样，你没办法比。所以你不要总是羡慕别人，没有用。比如你到巴黎，巴黎有三多，第一是旅客多，几乎全都是旅客，本地人很少；第二是鸟屎多，鸟满天飞，到处就是鸟屎。它不会管你，它哪会看人，而且人也那么多；第三是狗屎多，脏得不得了。那你有什么办法呢？比如你在巴黎问路，根本不可能有答案。因为每个人的手上都拿着一张地图，谁问谁？什么叫作国际都市？国际都市就是多数人都是从外国来的，才叫国际都市。**我们很多事情是活在想象当中，不切实际。一句话说明：各有各的苦衷，家家有本难念的经。**

第十九章

尽量摆脱二分法的思维

小孩子很难在是中有非、非中有是的情况下，去了解事情。

世界上的事情，绝对的是非，几乎是很少的。

我们活在一个相对的宇宙中，这个世界上绝对性的东西太少。

我们中国人最了不起的，就是把两个东西看成三个，这是全世界都找不到的智慧。

我们是二合一，而不是二选一，我们不走极端，我们综合判断。

人类都是自找麻烦的。嘴巴讲得容易，行为很难做得恰到好处。

我们要摆脱二分法的思维，这会让我们逐步走向成熟。世界上很难找到绝对的好、坏，是、非，我们这个世界上绝对的东西太少，都是相对的。一切都是阴中有阳，阳中有阴。单是用纯阴纯阳来看事物是不对的。

三分法会使我们很快乐。把是与非合在一起讲，把善与恶合在一起讲。不讲是和不是，讲到时候再看看，就给出了第三个答案，有了弹性的余地。站在没有意见的立场，讲你自己的意见，别人是很容易听进去的。

我们是二合一，而不是二选一。想到一定，就马上反应到不一定。想到公平，马上反应到不公平。公平不是大家都一样，大家都不一样才是公平的。不合理的平等，才让大家感觉不平等，平等就该是立足点的平等，然后出现高高矮矮的现象。所以三分法会使我们生活得更加自由。

我们从小受到二分法思维的教育

虽然我们大力呼吁，要赶快摆脱二分法的思维，但是这并不是很简单的事情。因为我们从小所受的教育，就是告诉我们是非要分明，什么事情都要分出对跟错，要分出好跟坏。我们一再说小学的老师，他有标准的答案，其实这是不太正确的态度。但是我们要替小学的老师讲几句话，在他们那个情况之下，他不得不用二分法。因为小孩子很难在是中有非、非中有是的情况下去了解事情。所以先给他们很单纯的对、错，好、坏，是、非，这也是不得已的事情。但是随着年龄增长，小孩慢慢变成熟，就要看他能不能摆脱二分法的思维。

世界上的事情，绝对的是非，几乎是很少的。比如你所认识的朋友里面，哪个是绝对的好人，哪个是绝对的坏人？恐怕你也很难分辨。好人偶尔也会做一两件坏事情，坏人有时候也会大发慈悲，做一些好事情，这才是事实。我们活在一个相对的宇宙中，这个世界上绝对性的东西太少。这样各位才知道，为什么爱因斯坦会提出他的相对论。

实际上，在爱因斯坦提出相对论之前，我们中国的《易经》就已经讲过了，一切都是阴中有阳、阳中有阴，纯阴纯阳实在是太少见。所以最早提出整体观，提出是非要怎么样去区分，告诉我们不要用二分法的，是我们中国的《易经》。

我们希望大家要认清楚，非理性跟理性的区别就在二分法。二分法太过坚持，它就变成非理性，但是在我们的观念当中，总认为一个很理智的人，他就是是非分明。所以我今天要再说清楚一点，一般人的是非，是相当感情用事的。比如我问你这杯茶好不好喝？你说这茶好喝，你也是很感情用事，你一点不客观；你说这茶不好喝，你还是很主观，你还是感情用事，你还是非理性的。所以每个人要从这个方面去了解，因为我们的认知能力实在很有限，我们的判断能力，实在是不足的。

我们选择起来经常选错，要不然怎么会后悔，怎么会闹情绪？这样各位就知道，你教一个人要是非分明，实际上就是害他一辈子情绪不安宁。但是我们的教育非这样做不可，那我们怎么办？我们就是当小孩越来越长大的时候，就要告诉他，以前我们是没有办法，让你用是非来分。现在你要慢慢知道，是中有非，非中有是的道理。

二分法之外还有三分法

《易经》是几分法？是三分法。所以中国人经常摇摆不定。看不懂的人就说中国人很坏，实际上这才是正确的态度。关于这茶好不好喝？我们不会马上回答，我们说我喝喝看，然后说好像还不错，你觉得呢？我们都是这种态度。凡是铁口直断的，都是非常可怕的事情。但是我们都很喜欢铁口直断的人，认为他很有魄力、很有担当，结果害人不浅。

比如说，我一定要成功，要不然我就完了。这就是二分法，把成功跟不成功分开。虽然你在这一方面没有成功，但是你在那方面可能就成功了。我小时候看过两个牙医，他们开的诊所挨在一起，我到现在印象还很深刻。他们其中一个医生姓刘，很忙，因为找他看牙齿的人太多。从早上开始到晚上，他都不能坐下来，一个接一个、一个接一个，让他痛苦不堪。旁边那个牙医姓张，根本就没有人找他看牙。他在屋子里面坐不住，就跑到门口来，看看能不能招呼几个人到他这里看牙。他同样很累，也很辛苦。

虽然生意太好，你所得到的是钱，但是你会忙死；虽然生意不好，你所得到的是闲，但是你就没有钱用，我想这才是人生的真相。

记得有一次，我和一行人去厦门的鼓浪屿，当地人就跟我讲，这里有一种鱼丸是最好吃的。同行的一个人就想考我，他说，曾老师，你看一看，这条街里面，哪一家鱼丸做得最好？我说，我不必吃，很快给你答案。我就这么走一下，然后告诉他是哪一家。他说，你怎么猜中的？我说，我不是猜的，我是判断的。你看，这里每一家店主都很客气，只有那一家的老板，板着个脸，一点不客气的样子，你问他问题，他也不爱理你。他就是鱼丸做得最好，来买的客人太多，想着你爱来不来，他就是有这个本钱。做得不好的，只好陪笑脸，那有什么办法？

所以今天大家都很气，就是因为没有读通孔子的《论语》。也许你在这里不成功，在那里就成功了。因为你在这里成功，你就花太多的精力在这里，那你的损失也会很大。**有一得就有一失，有一失就有一得。**

各人有各人的标准，各人有各人的顾虑。别人的公平和你的公平，标准是不可能一致的，你不能用你的感觉来批判别人。比如当领导在开会，有一个人才迟到15分钟，领导就骂他："这么重大的会议，你都迟到那还得了？"再过20分钟，又有一个人进来，领导看看他，把头一偏，骂都不骂，甚至不作理会。第一个人就觉得领导太偏心，找到机会就问他，那个人迟到这么久，你怎么不骂他？他说，那个人每次都是迟到半小时以上，很正常啊，我还骂他干什么？再怎么骂也没有用，所以我干脆不骂了。他的说法也很对，因为他有他的标准。每个人都有标准，只是标准不同而已。

比如我喜欢快乐，他也喜欢快乐，我的快乐就使得他不快乐，那他是要自己快乐，还是要我快乐呢？他当然要他快乐了。我们经常把自己的快乐，建立在别人的痛苦上。你看我们经常挖苦别人，你有什么权力挖苦人家？可是我们就是当面给人家难堪。当你看到千佛洞以后，会发现那里每个佛都长得奇奇怪怪。就是告诉大家，各式各样的人都可以成佛，不是只有一种人可以成佛。

三分法是使人快乐的思维

三分法会使我们很快乐。**我们中国人最了不起的，就是把两个东西看成三个，这是全世界都找不到的智慧**。但是我们一直在骂，一直在批评这种智慧。我一再提醒各位，不懂事的人讲话声音都很大，懂得的人会比较谦虚。凡是乱批评的人，肚子都是空空的。

比如你问外国人，你明天要不要去开会？他要么说要，而且一旦说要，他就真的去了；要么说不要，说不要他就真的不去。他们是是非分明，言行一致。当你问中国人，明天那个会议你要不要去参加？他会告诉你，到时候再看。他不会把话说很死，凭空多了一个到时候再看看，外国人脑袋里就没有这个。只要我说到时候再看看，我就很有弹性，我可以去也可以不去，而且我讲出来不会得罪人。因为我说我不去的时候，我就会得罪那些要去的人；我说我要去，我就会得罪那些不想去的人，这很麻烦。

外国人顾虑没有这么多，因为他们人际关系比较简单，你要去，对我没有影响；你不去，对我也没有影响。中国人不是。中国人你不去，他会想很多，你为什么不去？我想办法让你去。你要去，我就使得你不能去，因为你去就变成我的阻碍。我说到时候再看看，然后看看大家的脸色怎么样，我可以判断，哪些人是要去的，哪些人是不去的。所以中国人高明就在这里，你不讲话可以了解所有的人，一讲话，你就变成大家打击的对象，太不划算。

我们哪里来的这个三？我说清楚，西方人两个选一个，所以他们的观念叫作二选一，中国人是两个合一，所以叫二合一。把是跟非合起来想，不要分开来看；把好与坏合起来想，不要分开来看；把善与恶合起来想，不要分开来看。

中国人最擅长这些。这样不好，不过没有关系，再看看。我们就是把好跟坏合在一起，你干吗分开来？我要去，但是很可能不会去，不过我还是想去，可能到时候我才能决定。讲了跟没有讲一样，这是合起来，把要同不要合在一起想，为什么要分开呢？

这样各位才能够了解，为什么你给外国人送礼物，他要就收下或者当众打开，他不要就原封还给你。中国人不是，中国人先说不要，然后开始想该不该要，该要才要。站在不要的立场来要，你就不会乱要，不会要到最后去坐牢。

当你问中国人有没有意见，他先说没有意见。然后看看大家意见都不如他，才说他突然间想到一个意见，他弹性很大。你先说你有意见，那你惨了，你非讲不可。你不是逼死自己吗？**站在没有意见的立场来发表你的意见，别人比较愿意听**。当我们喝酒的时候，都说我不会喝，然后等大家喝得差不多，你才开始喝，这样你绝对不会醉。如果一开始就喝，喝到最后你先醉了。中国人刚开始都是按兵不动，不会乱动，可是你看多少人在骂中国人，我不晓得他在骂什么。我们很妥当、很安全，面面顾到自己不会吃亏，也不要去害别人。

我们是二合一，而不是二选一，我们不走极端，我们综合判断。想到一定，马上想到不一定，想到不一定，马上想到一定，有什么不好呢？不容易，这是高难度的，但值得学习。

我们能不能公平？你如果用三分法就很简单，因为公平就代表不公平，不公平就是公平。大家什么时候听懂这句话，你就不得了了。不公平才是真的公平，公平就是不公平。老实讲，公平都是假的。你看，公司给每个人都发一样的工资，算什么公平？那你一肚子火，明明我做得比别人多，我贡献比较大，可是大家都发一样的工资，这算什么公平？可见公平就是有多有少才叫公平，公平不是大家都一样，公平是大家都不一样。

那不一样怎么算公平呢？加上两个字就够了——合理。合理的不一样，而不是不合理的一样。这样各位就非常清楚了，我们是把公平跟不公平合在一起想。因为中国人聪明，他知道世界上的资源是不足的，机会是有限的，根本不可能公平。说公平是骗人的，虽然大家能力都很强，贡献都很大，但是机会只有一个，那你怎么公平？我们所得到的大部分，就是不合理的公平，所以大家很不愉快，那个叫作形式上的平等，是假的平等，不是真的平等。

我们要的是什么？我们要的是真的平等，真的平等是立足点平等。高高矮矮不一样，那才叫真的平等。**我们千万记住，我们都活在相对的世界，只能够有相对的自由，只能够获得相对的平等**。我们人世间也只有相对的光明，光明就是有黑暗才显得你光明。

世上不可能没有小偷，一个社会如果做到完全没有小偷，我觉得这个社会就太残忍了。有些人很怀念被日本统治的时代，因为那时候是没有小偷的。那我问你，为什么日本统治中国某些地方的时候，会没有小偷？因为日本政府管的是中国人，只要小偷抓到了，脚后跟就剁断了，手也剁断了，谁还敢当小偷？可是你愿意过这种日子吗？就是因为日本人统治的不是他们自己的同胞，所以他们才用这么残忍的手段。这种社会有什么值得怀念的？

有人说我们国家的交通规则不容易维持，我不相信这种事情。如果那些交通警察，每个人都去培训射击，练得枪法很准，然后站在路桥上，哪个车敢闯红灯，当场就枪决。还有谁敢闯吗？那这像什么社会？老实讲，黄灯的时候，你到底是要过去还是要停下来，你自己都不知道。没有绝对，只有临场的判断。

所以我常常讲，会开车的，不要坐在副驾驶的位置上，因为两个人的判断不一样，很容易吵架。比如我会开车，我如果坐在副驾驶上，碰到有情况我就看外面，我尊重司机的选择。因为我的判断跟他的判断，不可能一样，或者干脆我不看，懒得操心，这样司机才有办法开车。开车的人最怕的，就是旁边那个人也会开车，然后七嘴八舌，各种意见，这就是人类，我们是很矛盾的。

人类都是自找麻烦。嘴巴讲得容易，行为很难能够恰到好处。每个人都应该有这样的认识，快乐是要自己求的，不是人家给你的。人家干吗给你快乐？他自己的快乐都找不到，他还给你？

只要摆脱二分法的思维，你就会很快乐。各位可以试试看，好跟坏是一样的，得跟失是一样的，哪一天你真的能够做到，生跟死是一样的，那你还有什么不快乐的？

生跟死是一样还是不一样？你自己决定。你认为活着就是活着，死了就是死了，当然不一样，这样你对死就会有恐惧，你就会怕死，看到有人死亡你就很伤心。其实生跟死是一样的，你慢慢去琢磨，什么时候想通了，就叫作开悟了。

第二十章

如何对待愤怒和忧郁

愤怒就是拿别人的错误，来处罚你自己。

中国人是不迷信的，我们现在居然把它看作迷信，那是我们自己不对。

忧郁就是没有具体的东西，你才会更加担心害怕。

凡事从正面来感受，就不会忧虑。

中国人只相信没有输赢，不会相信双赢。

世界上有赢就有输，月亮有盈就有亏。

我们有两种情绪，一个叫愤怒，一个叫忧郁，这两种情绪经常出现，我们总以为没什么，实际上对我们伤害很大。你看，现在越来越多的人得忧郁症，忧郁怎么会变成一种病？这些我们要来分析一下。

我们为什么会愤怒

我们先说愤怒。你怎么会愤怒？就是你心里的压力很大，承受不了了，你要发泄，要爆炸。所以在愤怒出现以前，我们常常会感到焦虑、不安，会担心很多事情，然后内心就感受到很大的压力，时间越长感觉就越强烈，你对自己的行为，就越难加以控制。太多后果严重的事件，都是人极度愤怒时做出来的动作。

我们为什么会愤怒？因为我们的权益受到了损伤。明明是我的，为什么你把它拿走？原来可以走通的，为什么现在给塞住？假如你每天走的一条路，突然给你塞住，不能通行了，不管对方怎么说抱歉，都没有用，你一定一肚子火。一肚子火就叫作愤怒，你受到伤害肯定会愤怒。

还有一种更妙的，人家把你看得很高，你也会愤怒。比如你们公司组织一次外出聚餐，需要每个人出一万元，你心想，他们出一万元是应该的，我凭什么出一万元？我收入才多少，叫我出一万元？出钱他多出一点，吃饭我多吃一点，我们经常是这样子的。所以你慢慢会体会到，这个公平不公平，其实也是不一样的。

我们愤怒的时候，各种不同的情绪也会跟着出现。本来是很愤怒，最后气得哭起来，就是悲伤的情绪来了。气得要命，就会出手去攻击别人，摔东西、乱骂人，这时候，我们就开始有一种罪恶感。我修养怎么那么差？怎么大庭广众之下，我控制不了自己，我们会有一种羞耻感。愤怒到极点，做了过分的事，说了过分的话，又很害怕会受到报复，就感觉很后悔。我想这是每个人都应该有过的经历。

你如果没有把愤怒限制地发泄，那就太可怕了，就好像一只生气的老虎，看到人就咬。你如果把愤怒完全压抑，最后你自己内心受到的伤害，你也会受不了，整个人都会被扭曲。

那怎么办？我倒请各位去想想，《三国演义》里面有一个人，叫司马懿。这个人大家对他的看法不一样，我们也不要求一致，我请问各位，你看了司马懿，有什么感觉？

你会不会觉得，司马懿的情绪管理是一流的？你看，无论你怎么激他，他都不会生气，叫作激不怒。这种大多数人是做不到的，我们都是稍微激一下，就火冒三丈。但是司马懿，任凭你怎么激他，他都是笑笑的，你做得到吗？做不到。你看孔明想办法刺激他，他就是不生气。孔明送套女人的衣服给他，羞辱他，他就大方得穿起来，还在那里跳舞。

激不怒的人，他到底是怎么回事情？值不值得我们去学习？我们现在看一看，到底什么叫作愤怒？各位如果明白愤怒的真相，你大概就不太会生气了。

愤怒的三种真相

愤怒就是拿别人的错误，来处罚你自己。那你不是成傻瓜了？你为什么生气？就是他做错了。可是他做错他没有受罪，变成你在受罪，那你是不是用他的错误，来惩罚你自己？然后你越想越气，气到晚上睡不着，但是那个气你的人却在睡大觉，那你划算吗？你想打电话去骂他，可是他关机，你更生气了，那不是更划不来？

如果你明白，犯错的是他不是我，应该受惩罚的是他而不是我，我为什么要平白受罪？你就会改变了。我们已经讲过了，观念改变行为就改变，情绪就改变，你是可以做主的。你想通了，就会明白，他犯错误，我在折磨自己，我那么傻干什么？睡觉，睡觉就没事了。

愤怒有的时候是为了自我保护，比如恼羞成怒。这个每个人都在做，找借口使自己的言行合理化，我们倒没有非常反对。尤其当领导的，经常恼羞成怒。比如学校领导从外面进来，就板着个脸，到处指责，这个怎么这样子，那个太不像样。等他讲完，你才跟他报告，这个是老师特别交代要这样的，那个是为了配合什么的。

你讲得非常有道理，他会认吗？他就用一招，叫作模糊主题。他不提刚才的几个，再找一个差错出来说，至少你这个没搞好。你说这领导怎么这么不讲理？他不是不讲理，他是恼羞成怒了。要不然你叫他怎么办？你叫他承认说对不起，是他讲错话，那像什么领导？我们常常唱高调，就算是领导做错事情讲错话，也要承认，其实是不可能的。

我倒问你，这是谁的错？这是干部的错，跟领导有什么关系呢？我一再讲，我们分是非，是非常感情用事的。我当干部当很久了，我也是磨炼出来的。我的领导一进门，我抢先在他骂我之前，向他报告。我说这个是干吗的，那个是做什么的。我要在他做错以前，帮助他让他不放纵。他非常有面子，就说辛苦了，我也非常愉快。干部挨骂有时候是自己找的，不是领导不对，但是我们经常分不清楚。

你讲得越对，讲得越有道理，听的人越没有面子，那你的对有什么好处呢？小孩子讲话讲对，大人更没有面子，讲错你还可以骂他，偏偏他讲得你哑口无言。可是道理有几个人懂？就开始说中国人没有标准，中国人对也骂，错也骂，不可以这样。

愤怒其实是后悔的前兆。你如果想减少后悔，就少生气，没有发怒不后悔的。打破东西更后悔，最后你要花钱去买，要赔给人家。那个叫作逞一时之快，后面全是漫长的弥补痛苦的过程。

我们如何看待忧郁

什么叫忧郁？一句话就解决了，人无近忧必有远虑。只要是人，不会有人没有忧虑，不可能。没有近忧，就有远虑，你现在没有问题，迟早会有问题。

我讲这话不知道大家能不能接受，只要你活着，你就有问题，你怎么可能没有问题？比如你去看电影，男女主角双方情投意合，从此过着很幸福快乐的日子，那完全是骗人的。你去看续集，续集一开场，男女主人公吵吵闹闹，最后离婚，不然哪里有续集？一开始你只看到这个结局，没有看到结局背后的事情。只要你活着有一口气在，你不可能没有问题，说没有问题是骗人的。

你一定要用正确的观念来面对，就是明白：人只要活着，就一定有忧虑。我们为什么会忧郁？就是自己吓自己。你比较怕人还是比较怕鬼？鬼吓人是吓不死的，人吓人会把人吓死。所以经常有人说看到鬼，其实看到的都是人，人比鬼可怕。比如你去读《聊斋志异》，你会发现那些鬼都很可爱，你不会写字，她来教你，你不会画画，她替你画。可是人呢？你会的东西他破坏，你完成的东西他给你毁掉，或是给你偷走，是不是这样？你就会一直害怕，一直担心，这样就是忧郁。

我们中国人其实很早就开始在防止忧郁了。我们很多事情听起来是迷信，其实是最现代的东西，只是以前大家搞不懂而已。我们说长长的走廊，如果不开灯的话，你就会碰到鬼，是不是迷信？其实不是。因为有钱人家里才会有长长的走廊，穷人家里哪有长长的走廊？我告诉你，越有钱的人越小气，不小气他们怎么会有钱呢？所以富翁就等于小气鬼。有钱人建了长长的走廊，可是走廊里头的灯，他舍不得开。因为他不会去走，去走的都是佣人、长工。他们手里拿着东西，又没有开灯，两个人撞在一起，还以为遇到了鬼，其实是人碰人。所以我们就说，长廊晚上要开灯，不然会闹鬼，那是为了保护这些工作的人。我们现在有些人居然把它看作迷信，可怕不可怕？

中国人是不迷信的，我们现在居然把它看作迷信，那是我们自己不对。越是不知道的事情，我们越害怕；越是黑暗的地方，我们越害怕；越陌生的地方，我们越担心。这是不是事实？

我们常说，在家怕鬼，出外怕小偷。为什么在家不怕小偷？因为门窗你都看好了，你怕什么？那出来为什么不怕鬼呢？因为你去住旅馆，你对这里一无所知，对于这里有没有死过人，你完全不知道，怎么会怕呢？

如果你担心过分了，在思想上、情绪上、行为上甚至生理上都产生了负面作用的话，那你就真的病了。没有事情你都会担心害怕，好好的饭菜，你也觉得不晓得里面有没有下毒，你都不敢放心，那你怎么过日子？

弄清原由才能克服忧郁

忧郁是哪里来的？忧郁就是没有具体的东西，你就更加担心害怕。我小时候家里没有自来水，都是跑到外面的水井去，用桶把水一桶一桶吊起来。有一次，我去打水的时候，远远看到一个鬼，我吓得把东西一丢就跑回家了。回到家我说有鬼，我爸爸说，世界上有鬼吗？我说可是我看到了，他说那我跟你一起出去看。出去的时候，我怎么看就是没有，我爸爸就跟我讲，以后你如果看到鬼，你不要跑，你一跑，就是真的有鬼了，你就瞪他一眼，看真切了，就发现根本就没有，是你自己的幻觉。

很多事情，我们就是没有很具体、很明确地去看它，去了解它，就开始自己吓自己，那怪谁？你要找出真正的原因所在，所以当你感觉担心害怕的时候，你就拿一张纸、一支笔出来，开始写，我到底在忧虑什么？忧虑会得癌症，我就去检查；忧虑人家抢我的财产，那就把贵重的东西存到银行去。

当你把忧虑的事情，很具体、很明确地列举出来以后，去解决它，你就没有忧虑了。整天怕这个，怕那个，那你是自己吓自己。世界上就算有鬼，你也看不到，你没有那么好的运气，怎么会被你碰上呢？你要深入去分析，你到底在怕什么，到底在担心什么。你把它找出来，能解决的解决，不能解决的，那更不用怕了，反正是没办法。

凡事从正面来感受，就不会忧虑了。任何事情都有正面，有反面，都是两面的。当你看到一个东西，你舍不得吃，把它放在冰箱里，然后忘记了，等到你发现并拿出来以后，看到它已经过期了。你就觉得很划不来，白白浪费了好东西，这些都是负面的想法。你马上转变，用正面的想法，如果当时吃下去，好像是享用了好东西，可是这个东西吃多了，自己的胃会痛，搞不好要去医院，反而对自己的身体不好。那你再丢掉它，你就不会觉得浪费。

这才是中国人的态度。提醒自己，不要长期把焦点集中在那种使你担心、害怕的地方，只要一转移，你就忘记了。人生病了要记得忘病，病才会好。不能总是怀疑自己有病，没有病也会想出病来，因为心想事成。如果你总在想，我这么累，可能我的肝已经不行了，我会不会得了肝病？那你就真的得了。完全是你自己在操控，你干吗怨天尤人呢？

我们再联系一下二分法来看，当你把好跟坏合在一起去想，你就没有什么好坏的观念。你看我们现在老是讲双赢，那是西方人的思想，你赢我也赢。我倒要问你，你相信双赢这种事情吗？世界上有赢就有输，怎么可能双赢？中国人只相信没有输赢，不会相信双赢。就是有些地方你吃亏，我占便宜；有些地方我吃亏，你占便宜，这个就可以了。我们两个都占便宜，没人吃亏，有这种事吗？现在都是很奇怪的，我们很盲目地去接受那些观念，好像很现代化，其实都是骗自己的。

世界上有赢就有输，月亮有盈就有亏。连八月十五的月亮都不一定是最亮的、最圆的。为什么这样讲？因为都是大概如此，我们讲的都是概数，不是准确的数，世界上没有准确的数。

我们今天的标准完全乱掉了，所以我们必须要好好地整理自己的观念。否则再怎么一天到晚讲情绪管理，是做不好的，因为你的观念不正确，怎么可能做到呢？

别人捡到黄金，那是他家的事，我没有捡到，是我家的事。我没有捡到，我就开始想，最起码我不用伤脑筋，假如我真的捡到，我还要伤脑筋，到底怎么分配它。

有这样一则故事，在一栋楼里，楼上住着一个富翁，楼下住着一个皮鞋匠。楼上的富翁整天垂头丧气，楼下那个做皮鞋的人整天唱歌，快乐得很。楼上的富翁越想越不值，他那么穷还那么快乐，我这么有钱却这么苦恼。富翁的朋友说，你想快乐吗？他说我也想啊。朋友说很简单啊，你就把钱都给楼下的人，他就不唱歌了，就轮到你唱歌了。他说真的？朋友说你试试看吧。

富翁就弄了一大堆钱，给楼下的皮鞋匠。从此皮鞋匠就不唱歌了，天天在想这钱怎么办，藏在哪里？连晚上都睡不着。富翁呢，没有钱了，就天天唱歌，唱得好开心。

所以你想快乐吗？把钱丢掉。可是你又舍不得，那是你的事。其实丢掉跟不丢掉是一样的，你合起来想，不要分开。有跟没有一样，没有跟有一样，说了跟没说一样，做了跟没做一样，你就快乐了。这才是最好的生活方式，但是现在却被骂得一塌糊涂。

你的观念出了问题，标准乱掉了，所以弄得大家情绪不安宁。记住两个字，合理。有时候很明确，有时候不明确。有时候叹叹气，叹叹气也没有什么罪恶。有时候很开心。有时候这样，有时候那样，你都认为很正常，那你就不会忧虑了。

第二十一章

如何对待无力感和无助感

一个人要勇敢地承认自己不如别人，你就不是自贬。

我们要找出泄气的原因，把它变成积极的做法。

我们不要苛求自己样样要懂，因为那是不可能的事情。

我提醒各位，无助感不是天生的，而是不幸的经验积累而成的。

小事情是谋事在人，成事在天，大事情是谋事在天，成事在人。

中国人是对老天有信心，而不是对自己有信心。

什么叫作无力感？就是想做，但是好像力不从心，好像很难去突破。那什么叫作无助感？无助感比无力感更麻烦、更可怕。就像你把一条狗关在一个笼子里，刚开始它一定是撞来撞去，想跑出来的。当它到处碰，发现出不来，它就慢慢地有了无力感。等到有一天，它躺在里面动也不动，你把门打开，会发现它都不愿意出来了。

一个人碰到困难的时候，他还有那种意愿想要突破，只是感觉到无能为力，那是无力感。等到挫折很多，他连突破的愿望都没有了，安于现实了，这就叫作无助感。无力感久了以后，就会变成无助感。无助感就是说明明有机会、明明可以做得到的，你也不想做了，那是很可怕的事情。

人沮丧时常产生无力感

我们先说无力感，无力感就是你感觉很泄气、非常沮丧。一个人为什么会泄气？第一个，看不起自己。你为什么看不起自己？因为到处都碰壁，看别人脸色都不对，做事情都不如意，你就慢慢自己贬低自己，然后慢慢自己可怜自己。它跟同情心不太一样。我们达不到目标，就开始怀疑自己的能力，这叫自贬。我们遭遇到重大的痛苦，就开始自己可怜自己，那叫作自怜。我们对外面一些人的悲剧经历，你感觉到很怜悯他们，这就是无力感。比如你看到那么多人没有饭吃，怎么办？你也没有办法，这就是无力感。

我相信在职场里面，大家经常会有无力感。比如我想做好又没有办法，我有好意见老板听不进去，我可以好好表现，他不给我机会，是不是这样？所以我们一定要把自己泄气的真正原因找出来。**你与其自己贬低自己，不如想办法去提升自己的实力，用不着一天到晚羡慕别人。**

积极面对是去除无力感的良方

一个人要勇敢地承认自己不如别人，你就不是自贬。比如我读《三国演义》的时候，经常问别人，同样是诸葛亮，为什么周瑜就被他气死，而司马懿就把诸葛亮气死呢？原因就在这当中，周瑜没有办法化解自己的问题。我常常问很多人，如果你是周瑜，你会怎么办？有人说，你就不要跟诸葛亮硬拼嘛。比如司马懿，他就是一句话：诸葛先生真神人也，我不如也。一句我不如你，就把诸葛亮气死了。

聪明人会利用我不如你，你比较能干，你就先死掉。很多人现在很喜欢充能干，充能干就死得快，你充能干干什么？你有实力就好了。只有没有实力的人，才拼命在那边充能干，什么事情都自己来。别人都好笑，你来，你有能力吗？

外国人说我来，大家都很羡慕他，认为这个人有勇气。所以很多海归都说，你看在外国，人家都有勇气，我都不以为然。我们一定要了解到，我们很多地方是不如别人的。孔子讲得最清楚，三人行，必有我师焉。你叫三个人在一起，每一个人都有比我强的地方。你说还有比孔子更厉害的人吗？有，孔子自己说，我不如农夫，我不如打猎的人。

人各有所长，各有所短。我们要找出泄气的原因，把它变成积极的做法。比如有很多小孩子不会打弹珠就自卑，那怎么办？第一，我就不打也可以。第二，我就去练习。你朝这方面去发展就好了，干吗整天在那里自卑？好像我不会打弹珠，我就一无是处，会吗？不会的。

我们要把自我贬抑，变成自我充实、自我提升。《三国演义》里面，凭小小一个吕蒙，怎么可能把关公干掉？我们要知道，吕蒙是不认识字的，可是后来他却很有学问。因为孙权有一次跟他讲，你很会打仗，但是你写的字很难看，你讲出来的话都没有学问，这样不像个将军。吕蒙刚开始讲，我没有办法，因为我事情太忙，哪里有时间读书？所以，他也是无力感。孙权问他，我比你忙，还是你比我忙？我比你忙，我都有时间读书，为什么你不能读书？孙权还讲了一句话，他说你看看人家曹操，那么厉害都天天读书，你还不读？后来吕蒙就去读书，居然学问很好，字也写得很像样。所以我们常常讲，“士别三日当刮目相待”，已经不是当年的吴下阿蒙了。

人要改变是很快的，你要改变自己，不要天天在那里自己可怜自己，自己贬低自己。对别人怜悯，对他也没有帮助，你应该给他有效的协助，而不是同情他、可怜他，那都不好。所以为什么中国人同情弱者，但是并不同情可怜的人，是有道理的。你可怜他有什么用？没有实际的帮助。

学会向别人寻求帮助

假定我能力不足，我可以请比我更能干的人来做。比如当老板的人，能够用到所有人能力都比你强，你才是好老板。所用人都不如你，那你迟早会关门的。

自己做不到的事情，你可以委托别人做，照样可以完成它。比如我现在要做电脑，这部分我委托他做，那部分委托你做，我统统外包，最后我还是在做电脑，为什么不能做？**只要你找对人，只要你把事情都搞清楚，你什么都可以做**。每一个人都有自己的专长，我的专长是我什么都不懂，但是我会把事情很放心地委托给合适的人，我照样可以赚钱。你看很多老板，真的什么都不懂，但他就是一个大老板，他只要心胸宽广，只要眼睛会识人，只要舍得跟人家分享，一样可以做得很好，他要学问干什么？

我们不要苛求自己样样要懂，因为那是不可能的事情。给自己太太压力有什么用？凡是对自己要求过高的，迟早都是无力感。人各有生存的条件，人各有生存的能力，谁也不要羡慕谁。谁也没有什么好炫耀的，这不就好了？

对自己适当的要求，要求什么？要求每天有一点点进步就好了。就好像爬楼梯，那个台阶每一级都很低，你很快就可以爬上去，也不会太累。如果那个台阶一级一级高得要命，爬起来很累，那你这是在干什么？日有寸进不必强求，也不要苛求，你就没有什么无力感。

无助感多半是环境造成的

那么无助感呢？无助感大部分是环境造成的。比如当爸爸管孩子管得太严的时候，当妈妈对孩子要求太高的时候，小孩就充满了无助感。他本来有那个能力的，他也不想动。因为他知道，不可能一下子考满分，但是父母就是这样要求的，所以他根本就不想动。

我们的学校常常设一个奖，叫作进步奖，就是这个道理。你现在考20分没有关系，你下一次考25分，就能有奖励。不是说一下要求你考60分、考70分，那做不到。你这次考20分，下次考25分，再下次考28分、36分，为什么不可以奖励？因为到后来你可能比前面的人都好。

逆来顺受好不好？答案是好，但是你用得太过分了，它就不好了。人应该合理地逆来顺受，否则你天天跟人家吵架，但是过分地逆来顺受，就会变成无助感。然后就天天在那儿等天上掉馅饼，完全没有突破困境的决心，没有勇气，也没有行为。

我提醒各位，无助感不是天生的，而是不幸的经验积累而成的。比如一只老虎，你把它关在笼子里，四周的网都通电，它开始会跟你对抗，但是最后发现无能为力，它就变得乖乖的，就变成一个很听话的动物，道理就是这样的。

人们常常讲，成败完全是老天在做主，不是我在做主，我相信有很多人心里是这样想的。其实我们有些人都误解了孔子的意思，孔子只是说大事老天做主，小事一定是人在做主。到底是谋事在人，成事在天，还是谋事在天，成事在人？答案是都对，没有一个错的。但这两个是矛盾的，我不停在讲二合一，你把这两个合起来想，你就想通了。

小事情是谋事在人，成事在天，大事情是谋事在天，成事在人。凡是做大事的人如果没有自我、没有理想、没有使命，是做不了大事的。凡是我有理想、我有抱负、我有计划，那了不起做个小事而已。很多人就是一辈子搞不懂这个，计划是需要的，但是那都是小事。真正的大事是谁也计划不了的，只有听老天的，它叫你怎么做，你就怎么做。你不能有人为的思想在里面，所谓我怎么样，我怎么样，那都是小事情。

中国人讲得最清楚：小富由勤俭，就是你很勤劳、你很节俭，你就变成中产阶级了；大富由天，你要成为非常有钱的人，那是老天给你的，不是你努力得来的。如果每一分钱都是你辛辛苦苦赚来的，你这辈子不太可能大富，最多过着小康的生活。所以为什么我们只求小康，我们不求大富，道理很清楚。我们只能求小康，因为人为的只能做到小康，要大富大贵，那是老天做的。只有老天能给你，老天为什么给你？就是你祖先积德。

很多大企业家问我，曾教授，你客观地告诉我，我为什么突然间，好像出乎意料之外，赚了这么多钱？我说你祖上有德。他愣了一下，想一想，有道理。祖先有德，给你带来这样的运气，那你怎么办？你如果全花掉了，你的子孙就完了，所以叫富不过三代。你要照顾你的子孙，你就要自己积德。你不积德，他们怎么拼命也没有用，了不起小康而已。

但是你会看到这种事，比如一分耕耘，没有半分收获的时候，好像我们再怎么努力，也是惘然。一切都是无常，眼前是无助，未来根本就是无望，那我们还做什么？干脆不要做了。有些人是这样的，实际上他有能力，但是他完全放弃，很消极，没精打采，什么事都不做。这种人连人都不想做，所以很快他就衰退，就死亡了。

这样各位才知道，为什么很多人离休不到两年，他就死了。人可以离休，心不能离休。比如我现在离休了，这辈子的工作做完了，从此没事了，也不想做事了，那活着干什么？那就死了。**一句话，哀莫大于心死。当一个人心都死了，人大概也活不久了。**

预防是应对无助感的正确办法

最好的办法是什么？是预防，而不是治疗。无助感是很难治疗的，人一旦进入无助感的时候，谁都救不了，自己恐怕也很难。所以大家要趁自己还没有进入无助感的状态时来预防。因为无助感一旦养成了，除非经过很长时间、很用心的再教育，否则很难改变。

那事先怎么样才能够预防？就是说，我不要对自己要求太多，也不要对自己要求太苛刻，我不要太相信自己。我们现在动不动就说要有自信，其实是不对的。我们差不多就好了，太有自信的人，你就得罪了老天。老天不太愿意帮助那些有自信的人，你那么有自信，你自己来好了，我才懒得管，我那么多人要管，我还管得了你？

我再三讲，中国人是对老天有信心，而不是对自己有信心。当你对自己有信心的时候，老天就不保佑你了，因为它太忙了，它照顾不了你。那你会问我，天是什么？天就是自然规律。你不顺自然的规律，你去奋斗，自己累得要死，还搞得周围一塌糊涂，那怪谁？人要努力，但是一定要顺乎自然的规律。

我们提前告诉自己，大事情我是管不了的，那我野心那么大干什么？假如大事情到了我头上，我要很冷静，因为这不是我找来的。我要好好去看看老天的意思，不要太逆天，自古以来逆天的人没有成功的。中国人要顺天不要逆天，就是顺着自然去走。因为自然它有规律，它不可能没有规律。

我们一旦发现自己有无力感，就要特别提高警觉，我为什么有无力感？无力感积累下来，到了无助感，就没救了。做什么事情老觉得未老先衰，力不从心，想做做不到，野心很大成就很小，这是什么道理？这时自己要告诉自己，是我的企图心太强，我应该转变，一个人到了25岁以后，体力就开始往下走了。最有意思的就在这里，25岁以后如果还争强，还一定要表现，那最后一定完蛋。比如运动员，他们的职业寿命都不会很长，所以你打到一定程度，就要退下来，不能再打了，你做观众就好了。我们看奥运会，一个运动员一生当中，最多能够参加两届奥运会，就差不多了。因为他们太拼命了，奥运会不应该叫运动会，应该叫竞技会。运动不可以有伤害，而所有的奥运会项目都是有伤害的。

比如中国的太极拳，怎么打也不会受伤。你说他在打，他也没有打；你说他在动，他也没有动；你说他没有动，他又动了。就是把动跟不动合在一起想，不要分开。把能做跟不做、不能做合在一起想，不要分开。你想通了这些，你就不会消极，就不至于有那种无力感和无助感。

第二十二章

如何对待难过和哀伤

有利必有弊，有好必有坏，看你自己怎么去转化。

我们有情绪是正常的，因为外界在不停的变化。

当一个人心死了之后，他是活不久的。

长期隐藏、长期忍受会导致自己的无力感，无力感再下去就变成无助感。

中国人跟老天爷有很亲密的感情，这一点也不迷信。

难过和哀伤，这两种情绪也是我们经常碰到的，几乎每一个人都曾经有过。当你跟人开始有距离，没有办法亲密接触的时候，你就会觉得难过。一个常常见面的人，很久没见面，你会思念他，就会觉得难过。你很受重视，突然之间被冷落了，本来老板有事情常常跟你商量，现在理都不理你，你就开始难过了。你很有把握的事情，结果居然做不好，你也会难过。

难过经常跟其他的情绪连在一起。愤怒过后会难过，难过过后会愤怒；害怕引起难过，难过后感觉害怕；感到羞耻就开始难过，感觉难过就觉得自己脸上无光，很羞耻。

难过不一定是不好的情绪

难过的情绪一定是不好的吗？也不见得，难过不完全是坏的。当一个人很难过的时候，可能就会很认真地去做事情。当一个人很难过的时候，他可能会很珍惜眼前的机会。当一个人很难过的时候，就会改变他的态度。我经常讲，**有利必有弊，有好必有坏，看你自己怎么去转化**。

比如家里有长辈过世，我们经常劝他节哀顺变。因为一直哭有什么用？你要体会先人的遗志，他没有完成的事情你把它完成了，比天天哭要好，这是可以转化的。

你有没有发现，我们中国人扫墓只能清明去，平常不可以去。不能想到就去墓地，那人就不要做事了。清明不可以不去，常常去也不可以，是有一个合理的程度的。**对祖先要怀念，但是不要永远活在祖先的怀抱当中**。

我们要记住，难过不会产生任何的责任问题，而其他的情绪多半会。难过有什么责任？所以当你难过的时候应该很高兴才对。我这个人很会难过，就表示我有羞耻心；我会难过，就表示我很珍惜这个机会；我会难过，就表示我有责任感，不然我怎么会难过？就是因为我有责任感，我想办法要把我的责任感表现出来。那我为什么难过？就是因为我的责任感表现不出来。是我能力不足吗？能力不足我就回家多练习，跟人家多请教。然后过两天，我完全是一个新的姿态，我就可以尽到责任了。那我就不必难过了，这就叫转化。

不应过度压抑难过的情绪

但是，我们在难过的时候，经常受到压力，不敢表达。因为我们从小就有一些禁忌，好像你表达出来就是不对。比如，从小就有人告诉你，男儿有泪不轻弹，男人掉眼泪很丢脸，所以你就忍着。现在又有一种新的说法，叫男人哭吧不是罪。这都是二分法，其实中国人讲，不掉眼泪就是要掉眼泪，不轻弹就是不轻易流泪，但还是要流的。是我们自己不会解释，是我们理解错了。

当你要流泪的时候，你要想到一个人，这个人叫刘备。刘备的江山都是哭出来的。哭哭哭，哭到有荆州；哭哭哭，哭到有益州；哭哭哭，哭到当汉中王，那为什么不能哭？很多人的事业是哭出来的，很多人的机会是哀求出来的。那你愿不愿意，是你自己的决定，你既不能说它对，也不能说它错。

眼泪往肚子里吞，怕丢脸、怕麻烦，伪装一切很正常，这样好不好？我的建议是偶尔为之是很好，常常这样是不好的。偶尔为之，因为我们有时候有这个需要，但是如果常常这样，你就太对不起自己了。所以有人关起门来痛哭一场，然后出来跟没事人一样，这是一种很好的调节。偶尔流眼泪对眼睛好，对身体也好，但是过分哀痛是不行的，你会受不了的。

我们应该记住，长期隐藏难过对身体是不好的，要适当地让它排泄。因为长期隐藏、长期忍受会导致自己的无力感，无力感再下去就变成无助感，最后自己都救不了自己。

哀伤与难过有密切的关联

什么叫哀伤？哀伤跟难过的关系十分密切。我们难过、难过，到最后忍不住，就会哀伤了。照照镜子，发现自己一年比一年老，就哀伤了。亲人去世，想到再也没办法见面，当然哀伤了。有的人喜欢养狗，狗死了也哀伤。还有预料之外的灾难，你会更哀伤。比如空难发生了，飞机一掉下来，死了几百人，那几百人的家人痛哭，连旁人看了都哀伤。我不晓得各位看过真正的地震没有？那种很强烈的地震，只要地震一发生，山会裂开来，然后再合上，然后又裂开，树木倒了又站起来，那种震撼是很强烈的，会死很多人。

还有，亲友不慎丧生或者突然不见了，你会很哀伤。比如最近总有人在去旅游的时候死了，那家人哭成什么样子？亲友突然去了，我们会讲一句什么话？老天爷啊！这句话会用非常痛苦、非常哀伤的情绪去表达。我们中国人跟老天爷有很亲密的感情，这一点也不迷信。

哀伤会给身体造成伤害

但是，我们要提醒各位，哀伤是引发疾病的主要原因。因为哀伤不只是情绪低落，它会让你身体受到很严重的伤害。我们重复讲这句话，哀莫大于心死。当一个人心都死了之后，他是活不久的。比如一些老人家，他常常看到子孙的表现，他的心是死的，他麻木了，他没有表情了，也没有感觉了，他觉得生不如死，所以他虽生犹死，活着和死了一样。这是子孙的不孝。

胃痛、失眠、暴饮暴食、食欲不振、注意力不集中，这些都是哀伤造成的。**一个真正哀伤的人是哭不出来的，还哭得出来就是不够哀伤**。就好像，一个人感觉到对方对自己有很大的恩惠，是不会道谢的。凡是天天感谢你的，就是不把你的恩惠当一回事。所以我非常反对孩子在家里面说谢谢妈妈，那是外国人的做法，不是中国人的做法。可是我们现在都在学，好像外国人很有礼貌、很可爱。中国人，父母的恩情是不能谢的，那是要记一辈子的，谢什么谢？我从来没有谢谢我爸爸，从来没有谢谢我妈妈，但是我到现在还知道，我欠他们的太多了，还不完的，怎么谢？大恩不言谢，言谢就是还了。

当你感觉到哀伤，别人支持你、安慰你，你会接受，就表示你还正常。假如你不接受，那你就已经过分了，这是很不好的现象。那要怎么办？就是你要自己走出来，别人没有办法，因为别人帮不上忙。比如，亲人去世的时候，我们怎么走出那种阴影？这是学问，而且是大学问。

这样各位才知道，为什么我们丧事是一件大事情，而不是小事情。我们生日可以不过，但是丧事一定要小心。我们要了解人毕竟有生便有死，死是大事，生也是大事。但是现在有些人，连生死的事情都搞不清楚了。我们为什么放鞭炮？你去问很多人，为什么放鞭炮？我相信大家都不知道。中国人放鞭炮是最科学的。因为鞭炮里面有硫磺的成分，一放鞭炮，里面的硫磺喷射出来，就是在给环境消毒。为什么我们说，鞭炮放得越长越吉利？因为鞭炮一长，就必须要挂起来放，一挂起来，硫磺喷射得就很高很远。然后放完鞭炮，一地都是那种碎屑，你就乖乖去扫，这样卫生就搞好了。你都不必告诉他，他自然就扫，所以中国人多高明。放一次鞭炮，环境也整理了，也消毒了，然后大家都过一个很整洁的生活，非常容易做到。如果单靠你嘴巴去讲，要讲卫生、要消毒，讲死了大家都不会听的。

所以孔子说，民可使由之，不可使知之。你跟他讲道理没有用，你用这种办法，他很快就做了。比如过春节的时候，我们都知道，扫地的时候不能往外面扫，往外面扫就是把你家的钱财送给别人了。这都是迷信吗？当然不是，是因为这样你才能把垃圾集中起来，自己去倒掉，否则的话，大家都闭着眼睛往外扫，那不乱套了吗？**我们很多东西听起来是迷信，其实是有道理的**。中国人做的所有事情都有道理，只是长期以来我们不用心，所以搞不清楚，导致天下大乱。

不断调整使自己富有弹性

我们有情绪是正常的，因为外界在不停的变化。比如，天气不停的变化，人事物不停的变化，人是要求稳定的，不要有太多的变化，因为有变化你就开始感觉恐慌，就开始感觉到不安，就会焦虑，就会难过，甚至愤怒。但是事实上，外界的一切是不停地在变的。所以我们要去适应，而不是叫外界迁就我们，因为那是不可能的。怎么适应？就是调整你的心态。

这样各位就很清楚了，一切的情感你都不要去控制它，不要去压抑它，让它自然地发泄出来，但是要记住四个字，叫作“适可而止”，就好了。当你忍不住要发脾气，就发吧，发完以后你就会觉得很好笑，发得差不多了，就不要再发，这样就没有事了。我劝各位，你能发火就要学会救火、灭火。想到我既然敢骂人，就有本事把他安抚好。你不会安抚，就会骂人，那所有人都怕你，都躲得远远的。你搞到无人可骂了，更糟糕。骂完人，我要收拾这个残局，不能一走了之，否则后遗症还是要我承担的。

所以那些很会当老板的人，在当众骂完你以后会私底下叫你来，鼓励鼓励，安抚安抚，说我刚才不是骂你，是骂另一个家伙，因为你跟我熟，我是借你来骂他的，我骂你干什么？你去看，会当老板的人，都是阴阳两面的，当他在外面把你捧得很高的时候，他会把你叫进屋子里，给你脸色看，意思是说你不可以骄傲，我刚才只是给你面子，你不要以为是真的。当他在外面骂你的时候，他会把你叫进屋子里，倒茶给你，跟你聊会儿天。都是这样的。否则的话，老板在外面骂他，私底下还给他脸色看，那就是准备跟他决裂了；老板在外面捧他，私底下还很重用他，那也完了，他就开始把老板架空，开始不听话，最后这个老板会很惨的。

所以，为什么中国人老是这样扯来扯去？他很有道理，只是我们一般人都用西方人的二分法的观念看，所以你看不懂，这样看你永远看不懂。比如老板在顾客面前，他是非常有亲和力的，满脸笑容，很好商量，一回到自己公司就板着脸。当干部的应该很清楚，有客户在的时候，老板是很好商量的，但是客户走了以后，老板是很难商量的，要不然他是活不了的。而做爸爸的，也都会这样教小孩，有客人在的时候，小孩怎么吵、怎么闹，爸爸大概都很少当着客人的面打小孩、骂小孩。因为我们中国人都知道，你当着客人面骂小孩，就是给客人难看，那不是骂小孩，那是骂客人。所以小孩再怎么吵，有客人在，大人是不能骂的。客人一走，门一关，小孩自己就知道，完了完了，我们都有这样的经历。

为什么中国人老是变来变去？一会儿这样，一会儿那样？就是他很懂得调适，他懂得恰到好处。什么是恰到好处？就是随时间改变的才叫恰到好处，不然就不叫恰到好处。当着客人的面，小孩怎么吵爸爸也不会生气，因为会使客人很难堪。可是客人走了以后，爸爸就要教育小孩。

为什么人前人后老是两种不同的态度？就是阴阳的变化、情绪的调整，这样我们才会养成有高度的弹性。弹性是什么？我说的很清楚，人活着和死了，差别在哪里？就是活人，他的皮肤按下去会弹起来，而死人的皮肤，是弹不起来的。当一个人没有弹性的时候，他跟死人是一样的。人活着就是要有弹性，有弹性就是会调整自己，就是会一会儿这样一会儿那样，会变来变去。**但是记住，我们要变得恰到好处，变得合理，大家才欢迎，如果变得不合理，那所有人都会讨厌你。**

第二十三章

如何对待焦虑和害怕

一个人顾虑太多也会一事无成，一个人完全没有顾虑就叫鲁莽。

天无绝人之路，船到桥头自然会直。

情绪管理的目的，就是趋吉避凶。

一个人得失心要轻一点，得就是失，失就是得。

如果每个人都一样，那这个社会也是很惨的。

情绪是会彼此影响的，所以我们既不是为自己，也不是为他人。

有的东西要跟大家分享，有舍才有得，有得就要舍。

在当今社会，选择能力越来越重要。每个人的机会都有很多，只是有些人不会选择。有些人会选择，抓住了机会。有些人之所以会感叹自己很不幸，其实也不过是选择错误了而已。有些人喜欢把别人说的话拿过来给自己用，可是讲师讲的都是一般现象和方法，没有针对性，听的人怎么能不加选择就全盘套用呢？在这个世界上，没有人有权利替别人做任何决定。所以每个人的选择能力就显得尤为重要。

一切都在于自己的选择

我们要特别小心，一切选择都是我们自己做出来的。你选择害怕，你就天天感觉到不安全。你选择焦虑，你就天天感觉到压力很大。为什么你会选择焦虑？因为我们越来越多的人选择了竞争。人有必要竞争吗？我们动不动就讲这是个竞争的时代，谁都避免不了竞争。我倒是觉得如果我们是一只猴子，当我们被关在动物园里的时候，我们会觉得自己是自由的还是不自由的？其实，动物园里面的猴子是自由的，可是它再自由，还是被关在笼子里面，只不过笼子比较大而已。

我问你，你活着有多大的自由？你能够想到美国就到美国吗？不可能。比如有一个人他想到美国，结果签证不准他去。他就很好奇，为什么不让我去？签证官讲得很有意思，因为你太有钱了，你太有钱，可能去了就不回来了。他就很生气，怎么可以用这种理由拒绝他。我说这是常识，谁叫你把银行存款填得那么多？你填少一点，就让你去了。现在好像全世界都这样，你到一个地方，他会问你带多少钱进来？钱带太多了，不会让你进来，钱带太少了，也不会让你进来。

你慢慢就会体会，我们认为自己自由，我们就很自由，但是我们认为不自由，就真的没有什么自由。你每天要上班，你有自由吗？你到公司，工位能随便乱坐吗？你回家，只能回自己家，你可以跑到别人家去吗？你选择自由，你就很自由，你选择不自由，你就很不自由，这很容易证明。

你每天早晨起来都说好累，就真的很累。你每天早晨起来说精神奋发，就很有精神。一句话，一切都是你自己想出来的。你一打开窗户，怎么搞的，又没有太阳，你就觉得很不愉快了。我问你，既然不能改变它，你又何必跟自己作对呢?

焦虑是自己选择的

一句话就讲完了，我们都是跟自己作对的。焦虑是自己找的，是自己选择的。你选择紧张、不安、忧虑、担心、恐惧，那就造成焦虑。你想想看，你要是想不安，那就会越想越不安。比如你在想我这批生意能不能完成?完成以后钱收不收得到?给了钱以后对方会不会后悔?会不会要退货?那你就会没完没了了，你想那么多干什么?所以要适可而止，不能不想，也不必多想。**一个人顾虑太多也会一事无成，一个人完全没顾虑就叫鲁莽**。

如果一个太太常常怀疑自己先生会搞外遇，觉得他会变心，那你日子怎么过?不免会天天看镜子，想着糟糕我又老了，那你日子会很难过，你开车上高速公路，总是怕有车子从对面车道冲过来，那你还怎么开车?一切是无常的，但是我们要认为相当地有常，你要去选择。比如作为上司的要认为这些人是经过我长期考验的，最起码我要相信他们，如果连他们都不相信，我怎么办?那我不要做事了。这是你的选择，你可以选择不相信，也可以选择相信；你可以选择冒险，你也可以选择保守；你可以选择很愉快，你也可以选择很痛苦。

那你选择什么?你选择焦虑，就越来越焦虑；你选择害怕，就越来越害怕。人常常因为不知道在怕什么而担心害怕，是不是这样?我问你在怕什么?不晓得。如果你晓得，你就不会害怕了。为什么我们到陌生的地方，会觉得有恐惧感?就是因为我们对这里不了解，如果这个地方你非常了解，怎么会恐惧？你开自己的车，多半比较安心。开别人的车，就提心吊胆。我们害怕失去爱，害怕受伤害，害怕被排斥，害怕突然之间产生意外，而这些都是我们没有办法控制的，你就不要去怕就好了，怕它干什么？

我为什么不害怕？我失业过，我就不害怕失业。我两度没有工作，我都无所谓，我为什么会这样？因为我的祖父给我讲过一句话，我一辈子受益。那时候我很小，我祖父讲，**天无绝人之路，船到桥头自然会直**。我就记住了，老天不会不给你饭吃的。你到印度去看看就会知道，印度有的人趴在地上，动都不动，你给他水他不喝，你给他食物他不吃，你跟他讲话他不听。你问他，你到底在干什么？他的答案你是很难接受的，他说，我试试看老天会对我怎么样。

人真的要拼命吗？人真的要天天工作吗？如果你到成都，你会发现他们大部分时间在打麻将、喝茶，日子照样过得很好，难道不可以吗？难道有罪吗？都是我们自己的选择而已。我选择不慌不忙慢慢来，为什么一定要选择匆匆忙忙急得要命？快快快，为什么要快？我只要不慢就好了，我那么快干什么？所以你说慢的时候没有压力，你说快就有压力了。你把快和慢合在一起想就没有事了。

危险和安全合在一起想，你说哪里没有危险？怎么会不安全？就没事了。如果楼上一个砖头砸下来，你想着不一定砸到我啊！可是你说不砸你，可能偏偏砸到你。比如一个人，爬到高楼上想跳楼自杀，他一跳下去，偏偏一个骑自行车的人，正好跟他对得准准的，一下把骑车的人压死了，他自己却没有死。导致的结果就是想死的死不掉，不想死的死了，这笔账怎么算？你又能怎么样？天底下有很多事情很凑巧，很多事情不凑巧。我的解释很简单，凑巧就是你运气很好，不凑巧就是你运气很差。

不要为不能控制的事担心

我们要了解，我们所能控制的事情实在不多，小事情可以控制，大事情怎么控制？比如夏天下冰雹，你可以控制吗？飞来横祸，你躲得掉吗？

曾经有一个人去算命，人家算到他某月某日会有血光之灾。到了那天，他就把自己关在卧室里，窗子也统统关上，然后就坐在床上不下来，三餐让人送到房间吃，这样怎么会有血光之灾？没想到，他卧室墙壁上那个相框突然掉下来，一下砸到头上，就流血了。那是不是那个人算得很准呢？其实也不是，这是你自己的选择。我这话各位真的要好好去想一想，他算他的，你搞你的，你不相信他，他就不准，你相信他，他就很准，都是你自己的选择。

很多人情绪不安宁的时候就会算命，我现在问你要不要算？我的建议是算与不算是一样的，可算可不算，算了等于不算，不算等于算。有人问我这是什么话？我告诉你，你不算自己也会算的。**一个人情绪不安宁的时候，最容易发生意外**，因为你的注意力会分散，这时候被人家碰到，可能会摔跤，你还用算吗？你找人算也不过如此。但是你去算，也没有关系。我讲实在话，一个人去算命，不是为了要听算命的人的话，而是为了不听他的话，但是不听他的，就要有不听他的一套方法。我上面讲的例子，那个人就算是不听他的，最后还是被他算得很准。原因就是你表面不听他的，其实你的反应，还是和听他的一样，你不把他当一回事，但如果你不选择走这条路，你就安然无恙。

算命准不准，是看你是不是听他的，因为一切都是可以改变的。我不晓得大家接受不接受，说命是一定的，一切都是可以改变的。一听好像很矛盾，对不对？你不改变，命就是一定的，你要改变，命就改变了。这有什么矛盾？只是听不懂的人才会觉得矛盾。

很多人都在说，哎呀，不能算命，那是迷信。就是他受命的控制太牢固了。算不算都一样，要算就算，不算就不算，多自由自在。其实我们算命是要做什么？四个字，趋吉避凶。

我们整个情绪管理的目的，就是趋吉避凶。每个人的未来一定有吉有凶，凶的我躲掉，吉的我迎上去。**中国人最懂得这一点，有好处都跑来了，有坏处都跑走了，这也是趋吉避凶**。

得失心过重的人容易害怕

我们不可能完全不害怕，但是你要使自己不需要害怕，就叫情绪管理。我们每个人都很害怕失败，因为从小就感觉到失败是很可怜的，事先都会紧张不安。比如每个人要上台前，都会在那里紧张不安。明天有大事，今天晚上睡不着觉，就开始喝酒麻醉自己。因为你很怕万一事情没做成，就会让别人看不起自己。我们今天一句话讲完了，你为什么选择这些东西呢？

一个人得失心要轻一点，得就是失，失就是得。往好的方向想，比如我这批货卖出去，我就赚到钱。这批货卖不出去，我存起来，说不定会涨价，我会赚更多的钱。有时候卖不掉的反而赚更多的钱，卖掉的却很后悔。你要自己去创造对你有利的，自己去选择。我们一般人很喜欢患得患失，得到了就很高兴，失去了就很悲伤，其实这是不聪明人的做法。当你目标定得太高，就怕达不成给自己难堪；目标定得太低，就觉得别人在笑话你。一句话就讲完了，你明知道未来是会变化的，你为什么还跟这些动的东西计较？

就好像那些爱打游戏的人，我总讲这句话，你是活的，游戏是死的，你跟它拼，它不会死，但你会死。游戏摆在那里，它是靠电运行的，你会累，但是它不会累。你跟它拼？那你一定死。同样的道理，未来是不可控制的，你明知道是这样，为什么要强求呢？

害怕是一种自然的反应，你也不需要害怕自己有害怕的情绪，这才是对的。所以，当你害怕的时候，最好的办法就是问问自己在害怕什么？当你找到具体的目标，你自然就不会害怕了。

合理的害怕可以保护自己

害怕有它的好处，就是会保护你自己。老实讲，如果一个小孩不知道害怕的话，很可能经常受伤，一下摔到腿，或是一下胳膊会断。比如小孩子刚开始学走路的时候，他都是不太敢走，要牵着东西才走的，这才是聪明的行为。小孩子喜欢爬，爬到沙发上，他会找东西抓得紧紧的。他要下来的时候，会很慢地往下滑，除非脚踩到东西，不然他不会松手。这就是聪明的小孩。

人不害怕，更不安全。我什么都不怕，下面一句话就是，所有人都怕你，你就没有前途了。所以人最怕的，就是这个人天不怕地不怕。所以为什么中国人告诉你，抬头三尺有神明。神明有没有我们不管它，最起码我们要让自己有一点界限、有一点自律、有一点害怕、有一点恐惧，你才不会乱来。什么都不怕，那就糟糕了。

找到害怕的根源

害怕的人要进一步了解，你为什么害怕？你在害怕什么？你怎么来保护自己？这就对了，而不是盲目的害怕。适当的害怕是安全的，过分地害怕会伤害你的生理和心理。为生命害怕、为安全害怕这是很正常的，只要不过分你就不至于焦虑，这样就好了。

当有人害怕飞机会掉下来，就不敢坐飞机，这种人很可怜。我有一个同事就是这样，他从来不敢到外面去旅游，因为他看到飞机就恐惧。其实一天当中有几万架飞机在空中飞，很难掉下来一个。但是他就是很盲目的害怕，就是不敢坐飞机。我们再说清楚一点，任何事情，完全不怕你就没有警戒，一旦过分你就会受到伤害。所以为什么中庸之道讲无过无不及，就是这个道理。

人有情绪才是正常的，只要不过分，你就不必去避讳，有什么好避讳的？我脾气不好，脾气不好就脾气不好，脾气不好也可以好好做人，为什么脾气不好就不会好好做人？我只要前面该做的事情做了，后面该做的事情做了，我发脾气就发脾气。江山易改，本性难移，你只能做好事先的预防跟事后的补救，你没有办法完全改变你自己，而且也不需要。每个人都是不同的。

老实讲，如果每个人都一样，那这个社会也是很惨的。就是每个人不同，我们才会欣赏到各式各样的人，才会遇到不同的情境、不同的变化，我们会增加自己的弹性，生活才更有兴趣。你朝这方面去想，就对了。

当主管的人，不要要求部属跟你完全一样，一致性太高的单位不好。当然，我们也不要老是跟上司对抗，叛逆心太强的人，也是很苦恼的。适当地坚持自己，适当地跟老板提出不同的意见，适当地服从老板的指示，大家都会很愉快。

我问各位，一个人跟大家见面的时候，最好的表现方式是什么？是一句话，《三国演义》开宗明义说，天下大势，分久必合，合久必分。他讲的是合比分更重要，不是要分的。如果打来打去是为了分，那我们就不要看了。合，就要和，你要和大家和平共处，好好商量，把大家的心拉得近一点，你才有办法密切地合作。如果各想各的，各怀鬼胎、貌合神离，表面很和气，实际上笑里藏刀，这种日子就很难过了。

情绪是会彼此影响的，所以我们既不是为自己，也不是为他人。很多人老说为自己而活，或者说为别人而活。我劝各位，把自己跟别人合在一起想，你就是他，他就是你，自己就是别人，别人就是自己。这话听起来不好理解，实际上很容易理解。没有别人，哪里有你？你没有别人的帮忙，可以完成事情吗？因此你有的东西要跟大家分享，**有舍才有得，有得就要舍**。

第二十四章

如何对待羞愧感和罪恶感

一个人，有羞耻心你才有救。

一个人罪恶感越来越深，到最后就变成无助感了。

做父母的如果经常喜欢算旧账，对子女影响是非常不好的。

一个人要接受自己，要原谅自己，要积极地走出一个合理的未来。

中华文化只有一个字，就叫“孝”。离开“孝”以外，不要谈什么中华文化。

我们合情合理，由情入理，才是符合实际的。

羞愧感，我们把它叫作“耻”，耻辱的耻。羞愧感最强的是日本人，日本的文化就叫作耻的文化。日本人常常感觉到自己做得不好，常常感觉到很羞愧，常常感觉到耻辱，所以他非常用心，非常卖力，非常谦虚。但是你要求一个中国人跟日本人一样，我相信是做不到的。因为在中国人的眼中，日本人那样做是过分的，我们一再要求无过无不及，不要过分。当一个日本人事情做不好的时候，他会向大家道歉，还会切腹自杀，中国人会吗？我相信是不会的。

所以，我经常讲一句话，日本人爱面子会爱到死的程度，中国人比较高明，我们爱面子爱到刚好不会到死的程度，这就很厉害。我们要东山再起，重新来过，好好表现，把以前的羞耻洗刷掉，我们是非常积极的。问题是有很多人，后面那一段没有做，他没有振作起来，重新来过，他只是不去死，然后又不改过，这个才糟糕。

羞愧感是人的内在驱动力

一个人，有羞耻心你才有救。羞耻心就是爱面子，很多人都在批评说，爱面子是不好的。一个人如果连面子都不爱，我看这个人真的没救了，那就是什么都无所谓了，什么都不在乎了。

羞耻心是每一个人都有的，它是一个很好的内在的驱动力。它会提醒我们不是圣贤，但是我们一定要顾虑自己的面子，知错就要改，不能老是这样让人家看不起。它使得我们积极地去改善自己，积极地去调整自己跟别人的关系，然后使我们彼此更和谐。今天我们讲和谐社会，就是要每一个人都懂得羞耻，如果不懂得羞耻，我们就无法达到和谐社会的标准。我们一方面改善自己、提升自己，一方面跟别人互动，让别人也会慢慢地变好，这是我们每一个人共同的责任。因为我们是社会的一分子，我们不能逃避社会的责任。

羞愧感来自后天的教养

羞愧感其实不是天生就有的，这是后天教养的问题，是父母给我们的。比如我们常常跟小孩讲，这样人家会看不起你，这样会丢父母的脸，这样出去不好看，就是在加强小孩子的羞愧感。

我们常常用“丢脸”这两个字。我必须要说明，一个孝敬父母的人，不是说有钱给父母花就叫孝敬。而是说不要丢父母的脸，才叫孝顺，才叫孝敬。所以我们的孩子在外面，常常会顾虑到父母的脸面，这才是孝顺的小孩。但是现在有些人，敢在银幕上公然接吻，那就是心目当中没有父母。认为父母丢脸，认为那是他们自己的事，要不然他们怎么敢做这种事？其实男女抱在一起，是谁都会做的事情，这有什么了不起？两个人接吻也是谁都会做的事情，有什么了不起？为什么要大惊小怪？这种事情还拿出来比赛，看谁吻的时间久，就是要气死父母，除此之外，还有什么意义？还有什么价值？都没有。

今天的小孩和父母已经没有关系了，我们已经越来越像西方人，你是你，我是我了。我们小时候很多事情，我们也敢做，只是不愿意做，为什么？因为怕丢父母的脸。今天的小孩，有这种怕父母丢脸的观念吗？没有。这是谁的责任？父母的责任。认为时代不同，只要小孩喜欢，什么都可以，那你算什么父母？

外国人可以做的事情，我们就是不能做，为什么？因为我们是中国人。现在还有人说中国人不敢这样、不敢那样，是很丢脸的事，对吗？你看，我们想偷人家的东西不敢偷，为什么？我们不是怕违法，不是怕被警察抓去，是怕丢父母的脸，一句话就讲完了。我想跟人打架，不敢打，为什么？怕丢父母的脸。“怕丢父母的脸”这个力量比什么都大，但是现在都没有了，就是父母自己放弃了。我们小时候，父母一天到晚讲的就是，你在外面做什么都可以，就是不要丢父母的脸，我这个脸丢不起，这句话对我们最有用。

羞愧感不可没有也不能过分

自以为是，得意忘形，这种人是没有羞耻感的。一个人得意的时候，经常是忘形的。你不得意的时候，就很拘谨，很担心做错事情，一得意的时候什么都不管了，最后就犯大错了。所以当事情很顺利的时候，就要格外小心，当事情不顺利的时候，你反而不需要那么小心，反正不会做坏事。

我们觉得自己没有用，觉得自己不可爱，觉得自己一文不值，那就是过分的羞愧心。我们有一句话，叫天生我材必有用。我再笨，一定有我的长处，我发挥我的长处就好了。笨也不是我喜欢的，是先天带来的笨，我有什么办法？所以你骂人家笨，其实是没有道理的，又不是他愿意的，不是他造成的。人天生就有聪明和不聪明的分别，每个人的智商是不同的。

我不愿意向别人求助，也不愿意表达我的困惑，我就这样一直拖下去，这个也是过度的羞愧心。我不会的，我请你帮忙，这没有什么丢脸的。我不懂，向你请教，也没有什么不对。我接受你的帮忙，但是我不会长期依赖你，当你帮我的时候，我会学习，我会自力更生，我会好好去做，就好了，这才是适度的羞愧心。你不接受别人的帮助，那你永远都是不长进的。

不断地自己责备自己，不断地看不起自己的这种人，也是过分的羞愧心。我们要知道，我们有很多地方是不如人家的，但是我们也不必急，我们跟他学就好了，学多少算多少，因为这个勉强不来，那就很愉快了。再说一遍，一切都是我们自己的选择，不要老把责任推给别人，推不掉的，也没有用。

罪恶感的三个发展阶段

罪恶感比较麻烦，它有三个阶段。第一个阶段，就是我做错了，我是一个低贱的人。为什么做错就是低贱？做错和低贱有什么关系？你会发现，这样一来，你就开始伤害自己了。第二个阶段，我绝对不应该这样做，我这样做，就已经证明我不是好人了。这个跟好人坏人也没有什么关系，但我们常常这样告诉自己。第三个阶段，我已经变成一个朽木了，我已经无救了，我应该受罚的，因为我是有罪的。基督教是承认每个人都有罪的，它说人是有原罪的，人一生下来就有罪，所以要受洗。但是中国人不承认，我有什么罪？我犯错也不算罪，因为我不懂，我懂了改过就好了，我是无意的。

一个人罪恶感越来越深，到最后就变成无助感了，你就什么都不想做了，你就对自己彻底失望了，那还有救吗？那跟行尸走肉是一样的。我不行了，没有指望了，你再怎么教我，我都不会了，我也不想学了。这种人，你真的拿他没有办法。

我们必须要了解，这三种反应其实都是不合理的。你错了就自己承认错误，然后去改善，就好了。你为什么就低贱了？那有什么低贱的？一错再错、死不悔改，才叫可怕，才叫低贱。我做错了，我就原谅自己，因为我无知，只要我记住下一次不犯，那就是教训。我应该受的罪我就受，就当交学费了，我不是很愉快吗？

犯错不需要有罪恶感

我有一句话给各位作参考，要犯错宁可早犯，不要等到年纪大了才犯错，要失败宁可早失败，早失败还可以爬起来，晚失败就爬不起来了。所以，年轻人怕犯错吗？年轻人怕失败吗？年轻人怕挫折吗？不用怕，你要历经磨难才会成熟，总是害怕犯错，不敢尝试，就算你现在没有错，但是到了年纪大再犯错，你就完了。中国人最怕的就是晚节不保，我们没有说年轻的时候做错事很可怕，我们说晚节不保。一辈子都很平安无事，老了出差错，你就完了，你来不及补救的，没有时间给你补救。

我恨不得我没有这样做。我为什么会这样做？这个是比较合理的。如果是认为我已经这样做了，我就完了，那就不合理了。我恨不得我没有这样做，但是已经做了，已经做了就做了。我觉得对以前的任何事情，都不必后悔，因为后悔没有用。我们是注重未来，不是注重过去。过去怎么样已经定型了，你又能怎么样？记住这个教训，然后好好走向未来，就好了。为什么中国人说，浪子回头金不换？你再坏，只要你回头，那是很宝贵的、很难得的，因为一般人做错了就开始自暴自弃，一直这样走下去，那就真的完了。

我们承认错误以后要忘记错误，要原谅自己，要学习成长，不要老活在过去的阴影里，你才会有新生活的希望。比如以前我犯了很多错误，那是以前，我也改变不了过去，我所能改变的是未来，我未来好好做就好了。你总是算以前旧的账，有什么意义呢？

做父母的如果经常喜欢算旧账，对子女影响是非常不好的。小孩打破一个玻璃杯，就把他叫过来，斥责他，你打破多少个了，你自己知不知道？小孩不敢说，心里会想，还要连以前的一起算吗？他一定不高兴，他一定是不接受的。这个归这个，那个归那个，你可以说他连续犯错误，而不是说他打破几个玻璃杯。我们经常自己搞不清楚，经常自己的观念不正确，导致我们的选择不妥当，然后造成大家情绪不安。

我们必须要了解，我们很多感觉是不需要的，有很多感觉是不正确的，有很多感觉是必须要放弃掉的。我们要勇敢面对罪恶感。人生难免会有很多事情，想起来自己都会脸红。小时候不懂事，做了很多现在一想起来就脸红的事情，感觉不好意思，但是我很坦然，为什么？我不是故意的，以前是我不懂事，现在懂了，我就很愉快，干吗去计较以前呢？

关键在于改正过错

一个人要接受自己，要原谅自己，要积极地走出一个合理的未来。人难免会犯错，每个人都要有这个肚量。孔子讲“不贰过”，就是讲不要重复犯同样的错误，就好了。孔子没有说不能犯错，反而讲，人非圣贤，孰能无过。这个孔子讲得很清楚。孔子自己就没有错吗？怎么没有错？你看他对父母的感情，就不太一样，难道这就是错吗？这不是错，因为他父亲很早过世了，他没有什么印象。孔子有很多事情，我们看起来也怪怪的，但是如果你处在他的情境，你会觉得他毕竟是个人，他也不是圣贤，是我们把他推成圣贤的。孔子也是平常人，如果说孔子是圣贤，那我们都做不到他的水平，那我们学他有什么用？孔子是平常人，他的东西我们都学得到做得到，这个人才有价值，对不对？

我们常常把自己看成不如人，这没有话讲，这是谦虚。但是我有一天会赶上你，如果觉得我不如你，我一辈子就这样，那也没有什么价值了。至于我能赶到什么地步，做多少算多少，最起码我要努力做，但是我没有压力，因为我有我的条件限制，我不会有什么罪恶感。这样一来，你就给自己减少了很多压力。

不要满脑子都是竞争。竞争也是我们的选择，和谐也是我们的选择，彼此帮忙也是我们的选择，各搞各的还是我们的选择，那我们为什么会选择竞争？

有一个故事，很值得我们来提一提。苏东坡大家都很熟悉，某天他去寺庙里面坐禅，就问那个大法师说，我坐得怎么样？大法师说，你做得很好，你坐禅的时候像一尊菩萨。苏东坡很开心，回去就跟苏小妹讲，小妹，我告诉你一个好消息，我坐禅坐得很好，大法师夸我像一尊菩萨一样。他自己讲完，就一直笑，苏小妹问他，你笑什么？他说，这个大法师看我坐禅像一尊菩萨，可是我看他，越看越像一堆牛粪。苏小妹说，你完蛋了，你真的没救了！人家大法师满脑子都是慈悲为怀，所以看谁都像菩萨，你老兄满脑子都是牛粪，所以看谁都像牛粪。这是一个老故事，但是很启发人。一个心地不正常的人，看谁都是鬼鬼祟祟，一个自己有很多歪脑筋、坏点子的人，看谁都是权谋，都是不干好事的人。还是那句话，一切都是你的选择。

更可怕的是，你选择什么，它就用那个来应验你，这是很糟糕的，你要特别提高警觉。我讲一句话，人对人是一面镜子。当你对人笑的时候，你会看到那个人也对你笑；当你对他生气的时候，他也对你生气。你千万要记住，一个人出现的时候，你认为他会对你好，你往往会跟他相处得比较和谐；而当一个人进来，你就开始认为他存心不良，他就真的跟你相处不好。

为什么？因为这就是他的反应。你把他当坏人，他就坏给你看，你把他当好人，那他就不好意思坏。这在《易经》里面，叫感应。人与人之间，有很多的东西是会彼此互动的。你生气的时候，旁边的人会受到感染；你高兴的时候，旁边的人也会受到感染。所以你不能高兴的时候就大笑，愤怒的时候就很激烈地表现出来。因为对方一时间没办法调整，最后吃亏的就是你。

所以，为什么中国人有情绪，不太喜欢很激烈、很夸大地表现出来，就是这个道理。比如你很开心，别人就嫉妒你，他认为你开心什么？他就踢你一脚，看你还开心不开心！你就无缘无故遭遇伤害。这样各位才知道，为什么中国人本来是自己在笑，看到有人来就不笑了，是我们虚伪吗？不是虚伪，这是尊重别人，因为会顾虑到，对方不一定开心，所以我不要在你面前太开心。

我们不是西方人，我们有我们的历史，有我们的文化，是由我们的环境长期造成的，这样一套情绪的标准，就是这样子。你平常不会向人下跪，但是有时候会跪，什么时候？当你的父母过世的时候，人家来吊祭，你就要跪，因为你是代表你的父母，不是代表你个人。但是现在人都忘记了。孝子不跪，你对父母怎么交代？父母活着你不必跪，现在父母过世了，你替他们跪，因为人家来是给你父母面子。所以孝子官再大，那一天也不能穿西装，你要披麻带孝，你要跪，谁来你都要跪。因为你欠父母的太多了，你还不了的。现在没有了，现在人都不懂这些。我们欠父母的，是一辈子还不清的，不是说谢谢爸爸妈妈就算了。

中华文化只有一个字，就叫“孝”。离开“孝”以外，你不要谈什么中华文化。我们看这个人好不好，就看他对父母孝不孝。但是我还是提醒各位，孝底下只有孝道、孝心、孝行，没有孝顺的。我们现在都在讲孝顺，一顺那就完了。你要不要听父母的？很坦白讲，你小时候就要听，因为你无从判断，你不听父母的听谁的？可是你慢慢长大，你就不能全听了。因为时代在进步，父母有时候是赶不上时代的，他们不对的，你顺他们干什么？顺就是害父母。

但是我不反对讲孝顺，为什么？只要你懂得中国字，就什么都不用怕，因为我们讲“顺”就是“不顺”，讲“不顺”就是“顺”。当你把两个矛盾的东西合在一起想的时候，你就完全化解掉了，你就什么都不怕了。

当我们讲合理的时候，是包括很多不合理的。因为人不可能样样都合理，但是你要求合理的时候，你就要谅解自己的不合理，不合理怎么办？调整。所以一件事情发生以后，我就开始想，我怎么去反应。我有反应以后，一看不对，我怎么知道不对？就是看对方的脸色，所以为什么中国人总是要察言观色，就是看看对方对不对。比如我一看，对方脸色不好，惹他们不高兴了，我再修正我自己的表现，还不对，再修正，再表现，最后就能合理了。合理是经由测试、摸索、调整得出来的结果，而不是说一次就那么准的。只有当你修养好、实力够、功夫到家的时候，你才会一次就对，那是长期积累的结果。

中国人是一个情的民族，中国文化是情的文化。从这个角度来看情绪管理，我们就知道，我们要合情合理，而不是专门讲合理的。我们合情合理，由情入理，才是符合实际的。

曾仕强教授出版著作

序号	书名	定价
1	中国式教养，中国父母家庭教养必修课	49.80
2	别让情绪拖累你的人生	2020年出版
3	中国人，你凭什么不自信	59.80
4	中国式家风	49.80
5	易经的奥秘3	64.00
6	易经的奥秘（完整版）（《易经的奥秘1》增补版）	64.00
7	易经的奥秘2	64.00
8	易经的智慧合集（精装典藏版）（全六册）	680.00
9	易经良基（共六册）	192.00
10	易经良基·中（共六册）	192.00
11	曾仕强详解道德经：道经	39.00
12	曾仕强详解道德经：德经	42.00
13	道德经的奥秘	36.00
14	长安家风	39.80
15	坤道——曾仕强教做出色的中国女人（新版）	45.00
16	论语的生活智慧(上下)（新版）	72.00
17	论语给少年的启示(上下)	58.00
18	论语给青年的启发(上下)	68.00
19	曾仕强点评三国之道：论三国智慧（上下）	86.00
20	胡雪岩的启示（全新版）	45.00
21	曾仕强评胡雪岩	29.80
22	中华文化自信	45.00
23	我是谁	58.00
24	诸葛亮的启示	42.00
25	财神文化	49.80
26	赢在职场：中国式职场修炼手册	49.80
27	道德经的玄妙	49.80

别让情绪拖累你的人生

推荐书目

你是否常常被困于情绪？

发现自己没有人际交往的能力？

丧失了争夺原本属于你的社会资源/人脉？

“中国式管理之父”曾仕强教授将用30个情绪关键词，24类情绪管理法，教你正确管理情绪，活得豁达。

本系列为曾仕强教授 CCTV10『百家讲坛 LECTURE ROOM』《易经的奥秘》讲座配套深度解析丛书

现代易学院系列（共18册，陆续出版中）

曾仕强教授详解易经系列一至六

曾仕强教授详解易经系列七至十二

《易经的奥秘》进阶版

深度学习《易经》中的六十四卦

你的命运你做主！趋吉避凶不求人！

深度解读64卦，通晓人生未来变化。

收藏馈赠，上品之选！

必备宝典，随时可查！

《易经的智慧合集》，

解开您一生智慧的密码！